杭州市经济和信息化委员会
浙江众诚资信评估有限公司 **编著**

The Blue Book
Report on the Development of Guarantee Industry
in Hangzhou

# 杭州市担保行业
# 发展蓝皮书

——基于对2009—2013年信用评估数据的分析

中国金融出版社

责任编辑：张　超
责任校对：张志文
责任印制：陈晓川

**图书在版编目（CIP）数据**

杭州市担保行业发展蓝皮书——基于对2009—2013年信用评估数据的分析（Hangzhoushi Danbao Hangye Fazhan Lanpishu：Jiyu dui 2009—2013nian Xinyong Pinggu Shuju de Fenxi）/杭州市经济和信息化委员会，浙江众诚资信评估有限公司编著．—北京：中国金融出版社，2014.9
　　ISBN 978 - 7 - 5049 - 7628 - 4

　　Ⅰ．①杭…　Ⅱ．①杭…②浙…　Ⅲ．①担保贷款—白皮书—杭州市　Ⅳ．①F832．755．1

中国版本图书馆 CIP 数据核字（2014）第 201803 号

出版
发行　**中国金融出版社**

社址　北京市丰台区益泽路 2 号
市场开发部　（010）63266347，63805472，63439533（传真）
网上书店　http：//www．chinafph．com　（010）63286832，63365686（传真）
读者服务部　（010）66070833，62568380
邮编　100071
经销　新华书店
印刷　三河市利兴印刷有限公司
尺寸　169 毫米 ×239 毫米
印张　8.75
字数　130 千
版次　2014 年 9 月第 1 版
印次　2014 年 9 月第 1 次印刷
定价　25.00 元
ISBN 978 - 7 - 5049 - 7628 - 4/F．7188
如出现印装错误本社负责调换　联系电话（010）63263947
编辑部邮箱：jiaocaiyibu@126．com

# 序　言

近年来，为了促进中小企业发展，改善中小企业融资难的状况，我国各级政府加大对担保公司的规范和扶持力度，融资性担保业务快速增长。回顾我国担保业近 20 年的发展历程，可以看到从最初的部分地区试点，到目前各类担保机构如雨后春笋般遍布全国，发展速度之快令人惊叹。杭州市的担保机构也从无到有、从小到大快速发展，资金实力不断增强，业务规模不断扩大，运行质量稳步提高，服务领域进一步拓展。在担保业快速发展的同时，也存在一些问题，如担保机构规模普遍较小、专业人才缺乏、风险管理粗放、客户集中度风险上升等。2012 年以来，由于宏观经济增长趋缓，中小企业还本付息压力加大，部分行业、地区信用风险暴露，担保公司经营压力明显增加，出现了一些担保公司发生资金链断裂，甚至倒闭的现象。如何规范和促进担保行业健康发展，还需要政府以及担保行业不断探索和努力。

2009—2013 年，杭州市经济和信息化委员会委托浙江众诚资信评估有限公司对杭州市担保机构开展信用评级工作，本书以 2009—2013 年杭州市参与信用评级的担保机构为统计样本，结合评级现场采集的第一手资料，采用定性与定量、单个样本与总体分析相结合的方法，对杭州市担保业发展状况进行研究，目的在于客观、公正、科学地反映杭州市担保行业发展现状及存在的问题，具有重要的现实意义。此书首先回顾了杭州市担保业的发展历程，阐述了杭州市担保业发展的现状，从经济运行、金融发展和政策扶持等方面分析了杭州市担保业的经营环境；其次，从担保机构经营历史、资本规模、投资主体、公司治理结构、人力资源、内部控制制度以及风险管理制度等方面分析了杭州市担保机构的竞争力和风险管理能力，从担保机构的资金来源与运用、盈利能力和资产质量等方面分析了杭州市担保机构的财务状况；再次，以案例的形式介绍了杭州市担保业务创新，分析了互助担保模式、桥隧模式和联合担保模式的特点、经验借鉴及其局限性；最后，从担保机构、协作银行和政府管理角度提出担保机构发展的对策建议。该书以大量的数据资料为依据，以独特的视角反映杭州市担保业发展的现状及其存在的问题，并提出相应的对策建议。

潮平岸阔帆正劲，乘势开拓新篇章。在国家和地方政府的政策引导和扶持下，在担保机构积极创新和不断努力下，我们相信杭州市的担保业必将稳步健康发展，为社会经济发展作出更大的贡献！

杭州市经济和信息化委员会主任

2014 年 9 月

# 编写说明

近年来，随着杭州市民营经济的快速发展以及国家对中小企业扶持力度加大，杭州市担保行业发展迅速，以中小企业为服务对象的信用担保机构不断壮大，各区、县（市）的担保机构如雨后春笋般涌现，以中小企业融资担保为主体的担保行业已基本成型。无论担保机构规模还是业务总量，均保持在浙江省首位，在杭州市中小企业融资体系中占据了越来越重要的地位。2012 年评选的浙江省十佳担保机构中，杭州市就有 6 家担保机构获选，这充分体现了杭州市担保行业在全省的重要地位。

为了进一步规范浙江省担保行业发展，揭示和防范担保业务风险，同时贯彻落实国务院领导对中小企业信用担保业"加强监管防范风险"的重要批示精神，进一步推动浙江省中小企业信用担保体系健康有序发展，中国人民银行杭州中心支行联合浙江省中小企业局从 2006 年下半年开始正式启动浙江省信用担保机构评级试点工作。浙江众诚资信评估有限公司系中国人民银行杭州中心支行与浙江省中小企业局共同核准的省内担保机构评级企业，于 2006 年至今连续开展浙江省担保机构信用评级工作。公司按照中国人民银行颁布的信用评级标准和《关于开展信用担保机构信用评级的实施意见》（杭银发〔2006〕270 号）、《浙江省中小企业信用担保机构信用评级管理暂行办法》（杭银发〔2008〕249 号）以及浙江省中小企业局《关于继续做好全省中小企业信用担保机构信用评级工作的通知》（浙企财统函〔2009〕34 号）文件的有关要求，遵照"独立、公正、客观、科学"的原则，对申报参评的浙江省信用担保机构进行信用等级评定。截至 2013 年末，公司完成了对杭州、宁波、温州、台州、嘉兴、绍兴、金华、舟山、湖州、衢州、丽水 11 个地区 773 家担保机构的信用评级工作。从 2009 年起，公司连续 5 年参与了杭州市担保机构信用评级项目，累计完成了杭州地区 437 家担保机构的信用评级。

本书在总结 2009—2013 年杭州市担保机构信用评级工作的基础上，

以 2009—2013 年杭州市参与信用评级的担保机构为统计样本，结合评级现场采集的第一手资料，采用定性与定量、单个样本与总体分析相结合的方法，以期客观、公正、科学地反映杭州市担保行业发展现状及存在风险，为担保机构制定发展战略和政府主管部门及时有效监管提供依据。

# 目录

第一章　杭州市担保业发展概况　/1

　　第一节　杭州市担保业发展历程　/1
　　第二节　杭州市担保业发展现状　/10

第二章　杭州市担保业经营环境分析　/26

　　第一节　经济运行环境　/26
　　第二节　金融发展环境　/34
　　第三节　政策扶持环境　/40

第三章　杭州市担保业竞争力分析　/47

　　第一节　担保机构经营历史与资本规模　/47
　　第二节　担保机构类型与投资主体　/50
　　第三节　担保机构公司治理与人力资源　/59

第四章　杭州市担保业经营管理与风险控制　/63

　　第一节　担保机构经营管理　/63
　　第二节　担保机构内部控制　/68
　　第三节　担保机构风险管理　/70

第五章　杭州市担保业财务状况分析　/81

　　第一节　担保机构资金来源与运用　/81

第二节　担保机构盈利能力　/87

第三节　担保机构资产质量　/91


## 第六章　杭州市担保业务创新模式　/97

第一节　互助担保模式　/97

第二节　桥隧模式　/104

第三节　联合担保模式　/111


## 第七章　杭州市担保业发展相关建议　/117

第一节　担保机构角度　/117

第二节　协作银行角度　/121

第三节　政府管理角度　/123


**主要参考文献　/128**


**后记　/129**

# 第一章 杭州市担保业发展概况

## 第一节 杭州市担保业发展历程

杭州市中小企业信用担保实践始于 1999 年。虽然起步较晚，但在杭州市委、市政府积极倡导和政策扶持以及市场推动的双重作用下，通过担保机构的积极探索实践和规范运作，以中小企业为主要服务对象的担保机构数量迅速增加，担保机构的实力和业务规模不断发展壮大，以融资担保为主体的担保行业已基本形成。回顾杭州市担保行业的发展历程，尽管只有短短的十余年时间，但是担保行业呈现出担保机构数量不断增加、业务规模不断扩大、担保品种不断丰富、担保功能不断扩展的良好势头，在缓解中小企业融资难，促进社会经济稳定、健康发展等方面发挥了重要作用。

### 一、起步阶段（1999—2006 年）

自改革开放以来，我国中小企业不断发展壮大。为解决中小企业融资难问题，国家相关部门积极组织开展中小企业担保体系建设的试点工作，相继出台了一系列法律法规和政策文件，引导和促进担保行业的发展。1995 年 6 月 30 日，第八届全国人民代表大会常务委员会第十四次会议通过了《中华人民共和国担保法》，并于当年 10 月 1 日起施行。《中华人民共和国担保法》的出台使担保业务有了法律依据。1999 年 6 月 14 日，国家经贸委发布了《关于建立中小企业信用担保体系试点的指导意见》（国经贸中小企〔1999〕540 号），其宗旨是贯彻党中央、国务院扶持中小企业发展的政策意图，推动中小企业服务体系的建设，改善对中小企业的金融服务，解决中小企业融资难特别是贷款难问题。该指导意见就中小企业信用担保体系试点的指导原则、担保体系的机构组成和业务构成、担保机构的资金来源、担保机构形式、担保对象和担保种类、担保机构的职能和业务程序、协作银行选择和担保资金管理、风险控制及责任分担、担保机构的内外部监督以及信用担保体系试点的组织实施等方面做了明确规定。1999 年 7 月 11 日，中共中央、国务院转发《国家发展计划委员会关于当前经济形势和对策建议》（中发〔1999〕12 号），提出加快建立以中小企业特别是科技型中小企业为主要对象的信用担保体系，创造融资条件。1999 年 9 月 22 日，中国共产党第十五届中央委员会第四次全体会议通过《中共中央关于国有企业改革和发展若干重大问题的决定》，指出培育中小企业服务体系，为中小企业提供信息咨询、市场开拓、贷款担保、技术支持等服务。1999 年 11 月 15 日至 17 日，中央经济工作会议明确提出要加快建立和完善中小企业信用担保体系。1999 年 11 月 17 日，中国人民银行发布了《关于加强和改进对小企业金融服务的指导意见》（银发〔1999〕379 号），指出金融机构应加强与担保机构的合作，配合担保机构合理确定担保放大倍数，简化审贷手续，进一步强化和完善对小企业的金融服务体系，配合建立中小企业信用担保体系，积极支持小企业健康发展。在此背景下，各级地方政府陆续出台了相关政策规定和配套措施，不同类型的担保公司在全国各地相继出现。杭州市第一家担保机构——杭州市西湖区中小企业信用担保中心于 1999 年 9 月正式成立。

2000 年 8 月 24 日，国务院办公厅转发《国家经贸委关于鼓励和促进中小企业发展的若干政策意见》（国办发〔2000〕59 号），提出加快建立信用担保体系，要求各级政府和有关部门加快建立以中小企业特别是科技型中小企业为主要服务对象的中央、省、地（市）担保体系，为中小企业融资创造条件；建立和完善担保机构的准入制度、资金资助制度、信用评估和风险控制制度、行业协调与自律制度；选择若干具备条件的省、自治区、直辖市进行担保与再担保试点，探索组建国家中小企业信用再担保机构，为中小企业担保机构提供再担保服务；在加快发展中小企业担保机构的同时，推动企业互助性担保和商业性担保业务的发展；对于政府出资的中小企业担保机构，实行政企分开和市场化运作，并一律纳入地方中小企业信用担保体系。2001 年 2 月，国家经贸委下发了《关于建立全国中小企业信用担保体系有关问题的通知》（国经贸中小企〔2001〕198 号），对担保机构应具备的基本条件、全国中小企业信用担保体系的试点范围和担保机构的监督管理作出规定。2001 年 3 月 26 日，财政部出台了《中小企业融资担保机构风险管理暂行办法》（财金〔2001〕77 号），对中小企业融资担保机构的法人治理和内部组织结构、业务范围、担保评估制度、风险准备金的提取及监督管理等方面作出明确规定。2002 年 6 月 29 日，第九届全国人民代表大会常务委员会第二十八次会议通过了《中华人民共和国中小企业促进法》，该法律明确规定，县级以上人民政府和有关部门应当推进和组建中小企业信用担保体系，推动对中小企业的信用担保，为中小企业融资创造条件。它填补了我国中小企业的立法空白，促进了中小企业信用担保体系的建立。2003 年 7 月 17 日，财政部发布了《关于加强地方财政部门对中小企业信用担保机构财务管理和政策支持若干问题的通知》（财金〔2003〕88 号），要求各级财政部门制定和完善中小企业信用担保机构的财务管理措施，加大对中小企业信用担保机构的政策支持力度，鼓励和支持中小企业信用担保机构开展担保业务。2005 年 2 月 28 日，国务院发布了《关于鼓励支持和引导个体私营等非公有制经济发展的若干意见》（国发〔2005〕3 号）。该意见提出支持非公有制经济设立商业性或互助性信用担保机构；鼓励有条件的地区建立中小企业信用担保基金和区域性信用再担保机构；建立和完善信用担保的行业准入、风险控制和补偿机制，加强对信用担保机构的监管；建立健全担保业自律性组织。2006 年 11 月 23 日，国务院办公厅转发国家发展改革委员会等部门《关于加强中小企业信用担保体系建设意见》（国办发〔2006〕90 号），从建立健全担保机构的风险补偿机制、完善担保机构税收优惠等支持政策、推进担保机构与金融机构的互利合作、切实为担保机构开展业务创造有利条件、加强对担保机构的指导和服务等方面提出了一系列政策措施。

浙江省人民政府、杭州市人民政府按照国务院办公厅、原国家经贸委、财政部等部门有关建立中小企业信用担保体系的工作要求和具体部署，坚持以市场为取向，多渠道、多层次、多形式地构建中小企业信用担保体系。杭州市人民政府制定了相关的扶持政策，如市政府出台了《关

于促进中小企业信用担保体系建设的若干意见》（杭政〔2002〕6 号），
市经济委员会、市财政局联合发布了《杭州市中小企业信用担保机构信
用评价和奖励暂行办法》（杭经中小〔2003〕432 号、杭财企二〔2003〕
753 号）等。从 2002 年开始，杭州市在全国率先开展对担保机构的信用
评级工作，把评级结果与政府对担保机构的奖励、扶持直接挂钩，并作为
银担合作的基础、政府监管的助手、行业自律的前提。此项工作受到国家
有关部委、中国人民银行和各级地方政府的高度关注。2002 年 9 月 19 日，
杭州市成立了全国首家担保行业协会——杭州市中小企业信用担保行业协
会（简称杭州市担保行业协会），积极鼓励信用担保机构加入担保业协
会，进行行业自律管理。

在短短几年时间内，杭州市担保机构从无到有、从小到大，取得了长
足发展。仅 2002 年一年，全市新增担保机构 12 家，增长 46.20%；新增
注册资本 14 846 万元，增长 99.60%；在保责任余额、担保总额分别增加
56 900 万元、148 631.40 万元，分别增长 215.8%、199.10%；担保放大
倍数由 2001 年的 1.8 倍增加到 2002 年的 2.8 倍；担保户数、担保笔数分
别增加 899 家、2 074 笔，分别增长 129.40%、157.90%；风险准备金提
取总额为 368 万元，增长了 11.80%；担保费收入增加 1 444 万元，增幅
高达 267.90%。这都反映出杭州市担保机构的规模、资金实力、业务能
力、担保范围、抗风险能力在 2002 年均有大幅度提高，中小企业对担保
融资的需求和担保成功率等都呈较快的增长态势（见表 1 – 1）。

表 1 – 1　　　　　　2001—2002 年杭州市担保机构运行状况

| 年份 | 担保机构数量（家） | 注册资本总额（万元） | 在保责任余额（万元） | 担保总额（万元） | 担保企业数（户） | 担保笔数（笔） | 提取风险准备金（万元） | 获政府补偿（万元） | 担保费收入（万元） |
|---|---|---|---|---|---|---|---|---|---|
| 2001 年末 | 26 | 14 908 | 26 361 | 74 661 | 695 | 1 313 | 332 | 81 | 539 |
| 2002 年末 | 38 | 29 754 | 83 261 | 223 292.40 | 1 594 | 3 387 | 700 | 388 | 1 983 |
| 增量 | 12 | 14 846 | 56 900 | 148 631.40 | 899 | 2 074 | 368 | 307 | 1 444 |

数据来源：杭州市经济和信息化委员会、杭州市担保行业协会。

虽然杭州市担保业发展较快，但也暴露出了一些问题①。（1）注册资本规模较小。截至 2002 年末，杭州市 38 家担保机构的平均注册资本规模为 783 万元，大大低于北京、上海、深圳等地担保机构的注册资本规模（如深圳市担保机构的平均注册资本为 323 163 万元），甚至低于我国西北五省担保机构的注册资本规模（如西北五省中担保机构平均注册资本金最少的青海省，其平均注册资本也达到 1 400 万元）。杭州市担保机构的平均注册资本规模偏小，除了整体实力偏弱之外，主要是因为在县、乡、镇一级的小型担保机构众多，点多面广必然会稀释担保机构的平均注册资本规模。（2）担保机构的注册资本分布不均匀。注册资本在 500 万元以下担保机构有 24 家，占 63.16%；500 万—1 000 万元的有 2 家，占 5.26%；1 000 万—3 000 万元的有 10 家，占 26.32%；3 000 万—5 000 万元的断档；5 000 万元以上的有 2 家，占 5.26%。这种分布不均匀的现象不仅影响杭州市整个担保行业的总体实力，而且还会造成潜在客户流失，特别是那些规模不同、融资需求各异的中小企业。（3）担保业务相对集中。担保机构为了降低风险，倾向于为同一企业作担保，虽然担保业务增长较快，但是中小企业受保范围没有相应地扩大。尽管一部分有较好发展前景的中小企业通过担保机构的信用增级作用，从银行获得了贷款，但是从杭州市众多中小企业"嗷嗷待哺"的现实情况看，不断扩大中小企业，特别是"三农"、科技型中小企业的受惠面仍是非常必要的。（4）投资收益过低。民营资本进入担保机构，不仅为了获取融资担保，而且也有投资回报的要求。由于担保公司利润基数小，每年分红比例不到 2%，如此低的投资回报，使得民营资本缺乏追加投资的积极性。比如，截至 2002 年末，杭州高新投资担保有限公司的担保贷款总额累计超过 4 亿元，而公司的净利润只有 7 万余元。（5）政策性担保机构的资本金扩张比较难。首先，政府财政资金往往在担保机构创建时一次性注入，后续投入较少，而民营资本在政策性担保机构中占比较小，缺乏投资动力；其次，杭州市政府的风险补偿金有限，每年政府出资 200 万元作为奖励和风险补偿，如果按 38

---

① 参见龚雪姣：《对杭州市中小企业信用担保业现状的分析与思考》，载《资料通讯》，2004（2）。

家担保公司平均分摊，每家仅有 5 万元左右；最后，相对于担保公司的低收入来说，其税收负担过重，按照现行的税收优惠政策，担保公司只能免去 5% 的营业税，尚要缴纳 25% 的企业所得税，加上日常运行成本和人员薪酬等支出，已所剩无几。

2002—2006 年，在国家有关部委、浙江省人民政府和杭州市人民政府的政策支持下，杭州市担保机构稳步发展，从国有及国有控股的担保公司为主，逐步转向政策性担保机构和商业性担保机构并重。截至 2006 年末，全市共有担保机构 44 家、注册资本 11.48 亿元，以中小企业信用担保机构为主体的担保行业已基本形成。

## 二、发展阶段（2007—2009 年）

这一阶段，一方面由于受到 2008 年金融危机的影响，中小企业融资难问题愈加突出，担保业务需求旺盛；另一方面，中央与各级地方政府对信用担保业高度重视与支持，充实注册资本、进行风险补偿和提供税收优惠等扶持政策全面启动，有力推动了信用担保行业快速发展。在这期间，杭州市的担保机构数量急剧增加，担保机构注册资本从几百万元、几千万元向亿元以上拓展，担保机构的资本金从国有资本为主转向民营资本主导，担保业务由起初的贷款担保逐步扩展到贸易融资担保、票据担保、信用证担保以及履约担保等多种业务，担保领域逐渐延伸到商品流通、商品贸易和个人消费等诸多方面。

2007 年 10 月 23 日，浙江省人民政府办公厅公布了《关于加强中小企业信用担保体系建设的若干意见》（浙政办发〔2007〕93 号），从指导中小企业信用担保体系健康有序发展、规范提升中小企业信用担保机构、推进担保机构与金融机构互利合作、切实为中小企业担保业务的开展创造有利条件、加强中小企业信用担保体系建设的政策扶持、做好中小企业信用担保体系建设的监管与服务等方面提出加强全省中小企业信用担保体系建设的指导意见。2008 年 10 月 23 日，杭州市人民政府办公厅出台了《关于进一步加强中小企业信用担保体系建设的若干意见》（杭政办〔2008〕13 号），从加大对中小企业信用担保机构的扶持力度、营造促进中小企业信用担保机构发展的良好环境、加强对中小企业信用担保机构的监督和管理等方面提出进一步加强杭州市中小企业信用担保体系建设的意见。2008 年 12 月 10 日，杭州市人民政府办公厅转发市财政局、市经委、市金融办制定的《杭州市中小企业信用担保机构风险补偿资金管理暂行办法》（杭政办函〔2008〕410 号），该办法明确规定了风险补偿资金来源及用途、补偿对象、补偿范围、补偿标准、补偿申请受理程序以及补偿金额的确定等内容。2009 年 12 月 29 日，杭州市政府办公厅出台了《杭州市信用担保联盟构建及运营管理办法（试行）》（杭政办〔2009〕16号），该办法从信用担保联盟的构建原则、组织架构、联盟再担保资金的筹集和管理、再担保业务管理、再担保业务的代偿及代偿损失的分担、联盟的制度建设及管理等方面提出具体规定，目的在于进一步优化杭州市金融生态环境，提升担保机构为中小企业提供融资担保服务的能力，推动银行机构扩大中小企业融资业务，促进杭州中小企业健康发展。上述政策文件的出台，从信用担保行业的指导、风险补偿、担保业务创新、担保业务监管和与银行机构的合作等方面都给予信用担保机构引导和扶持，为全市信用担保机构快速发展提供了强有力的政策支持。

2008 年金融危机导致全球经济发展速度放缓，我国中小企业面临外部需求下降、人民币汇率升值、生产成本上升、流动性收紧等多重压力。这对迫切需要通过技术革新来完成转型升级的中小企业而言，无疑大大增加了其融资难度。担保机构在此宏观经济背景下运行，机遇与挑战并存。一方面，担保机构积极拓展担保业务，创新担保品种，不断提升担保实力，无论在发展规模、业务广度和效益深度上，都取得了较大的发展。例如，浙江中新力合担保有限公司首创"桥隧模式"、"路衢模式"，相继推出"平湖秋月"、"宝石流霞"、"三潭印月"等为中小企业、文化创意企业融资担保的系列集合信托债权基金；浙江金桥担保有限公司与杭州银行余杭支行合作设计了"抵押百分百"担保业务方案，被杭州银行列为该行的"试点推广产品"，之后又在余杭区发行"美丽洲"中小企业集合信托债权基金，为 29 家中小企业融资 10 300 万元提供担保；浙江信林担保有限公司与江干区政府、信托公司、银行、风险投资机构多方携手，推出总额为 2 亿元的"钱江时代"科技型中小企业信用基金，用于支持江干区科技型、成长型中小企业；浙江工信担保有限公司推出"阳光成长计划","存货质押跟踪担保","外贸通Ⅰ、Ⅱ","成长担保通"等10余项担保品种,满足了中小企业的多种融资需求;富阳诚信担保有限公司推出旅游景点项目经营权质押担保等。另一方面,信用担保机构密切与政府、银行的合作机制,组建市级再担保联盟。以会员制的形式,由市、区两级政府、信用担保机构与商业银行组成"杭州市信用担保联盟",首期保证金总额2.5亿元,为成员单位的信用担保业务提供再担保服务。通过这一合作机制,为担保机构增加信用、分散风险,促进信用担保机构放大担保倍数。另外,在这期间全市担保机构也借此机会纷纷增资扩股,增强自身资金实力,众多担保机构还瞄准商业银行业绩下滑的时机,积极开展与更多商业银行的合作,提高中小企业贷款授信额度,为信用担保机构的长远发展奠定基础。

截至2009年末,全市在工商局注册登记可开展担保业务的机构已超过200家,加入杭州市担保行业协会的会员单位达96家。根据对其中74家担保机构的统计,注册资本总额为38.63亿元,其中注册资本1亿元(含)以上的有11家,户均注册资本为5 220万元。在金融危机阴影笼罩下,杭州市担保机构仍然取得了较好的业绩。2009年,74家担保机构共为7 269家中小企业提供了8 711笔担保业务,总担保金额达到102.89亿元;受保中小企业新增销售收入150.11亿元,新增利税11.85亿元,新增就业人员3.73万人,为全市社会经济发展作出了较大的贡献①。担保覆盖面不断扩大,担保业务持续增长,做大做强趋势明显,社会贡献凸显是这期间杭州市担保行业的主要特点。

### 三、整顿规范阶段（2010年至今）

在担保行业迅速发展的同时,也出现了一些信用担保机构违规经营的现象。为了加强对融资性担保公司的监督管理,规范融资性担保行为,促进融资性担保行业健康发展,2010年3月8日,中国银监会等七部委联合发布《融资性担保公司管理暂行办法》(七部委令2010年第3号),该办

---

① 参见杭州市人民政府金融工作办公室:《2010杭州金融发展报告》,杭州,浙江工商大学出版社,2010。

法明确规定了融资性担保公司的设立、变更和终止的条件，业务范围，经营规则和风险控制，监督管理，法律责任等内容。为了进一步贯彻落实《融资性担保公司管理暂行办法》，促进浙江省融资性担保行业规范健康发展，2010年12月23日，浙江省中小企业局发布《浙江省融资性担保行业规范整顿方案》（浙企资发〔2010〕107号），结合浙江省实际情况，提出规范整顿浙江省融资性担保机构的方案。2011年1月18日，浙江省人民政府办公厅转发《浙江省中小企业局等部门关于浙江省融资性担保公司管理试行办法》（浙政办发〔2011〕4号），要求各地市经（贸）委、中小企业局建立健全辖区内融资性担保公司监管体系。2011年7月21日，浙江省银监局、省中小企业局共同制定《关于进一步推动银担合作促进融资性担保行业规范健康发展的意见》（浙银监发〔2011〕133号），进一步指导和督促辖内银行业金融机构和融资性担保公司开展全方位合作；2011年12月29日，浙江省中小企业局下发《2012年度全省融资性担保机构经营许可证年审换证工作的通知》（浙企资发〔2011〕116号），要求各担保机构在开展自查整改的前提下，申领和换领融资性担保机构经营许可证。2012年5月31日，浙江省人民政府办公厅转发省中小企业局等八部门《关于进一步促进融资性担保行业规范健康发展意见》（浙政办发〔2012〕62号），从坚持服务方向、明确发展目标，创新服务机制、促进行业发展，加强政策扶持、优化发展环境，健全工作机制、实施有效监管等方面提出规范意见。这些办法、方案和意见的出台，标志着杭州市担保行业进入整顿规范发展阶段。这一时期的主要特点是：政策扶持与制度监管并重，各种办法、整顿方案和意见等对融资性担保机构的准入、业务范围、担保业务、资金运作、从业资格等方面做了明确的规定；同时，在整顿规范过程中，国家和地方各级政府对担保机构的政策扶持力度继续加大，杭州市担保行业在整顿、规范中得到了空前的发展和壮大。

经过整顿规范，杭州市担保机构对中小企业的服务意识有了进一步提升，内部控制制度逐步完善，组织架构更为健全，风险防范意识和能力进一步提高，担保机构增资扩股的趋势更加明显。2013年，全市担保机构新增注册资本173 022.90万元。截至2013年末，杭州市共有164家担保机构获得了经营许可证，无论是担保机构的数量、资产规模还是业务总量，均列浙江省首位，在杭州市中小企业融资体系中发挥着越来越重要的作用。

目前，杭州市担保行业正呈现担保机构数量稳步增加、资产规模不断扩大、担保业务种类不断丰富、担保功能不断扩展的良好势头。在缓解中小企业融资难、担保难，助推中小企业加速发展、增加就业、增收利税等方面发挥了积极作用，为杭州市经济和社会全面发展作出了重要贡献。

## 第二节  杭州市担保业发展现状

随着杭州市民营经济的迅速发展及国家对中小企业扶持力度加大，杭州市担保机构从无到有、从小到大，快速发展，资金实力不断增强，业务规模不断扩大，运行质量稳步提高，服务领域进一步拓展。

### 一、担保机构发展规模和区域分布

#### （一）担保机构数量

根据杭州市担保行业协会统计，2002 年杭州市担保行业协会成立时，全市只有担保公司 23 家，此后担保机构数量不断增加，到 2006 年末达到 44 家。伴随着国家和地方政府的政策扶持和民营经济的快速发展，担保机构如雨后春笋般迅速增加，到 2011 年末达到了 257 家。在经历了快速发展后，全市担保业步入规范发展阶段，担保机构数量虽然有所下降，到 2013 年末为 177 家，但是担保机构规模、业务质量和经营管理水平均有明显提高（见图 1 - 1）。

#### （二）担保机构的区域分布

杭州市担保机构区域分布广泛，遍及全市所有区、县（市），包括市区、余杭区、萧山区、富阳市、临安市、建德市、桐庐县、淳安县等。以2009—2013 年参加浙江众诚资信评估有限公司信用评级的担保机构为样本，截至 2012 年末，94 家样本担保机构的分布情况是：市区 44 家、萧山7 家、余杭 11 家、富阳 11 家、临安 7 家、桐庐 3 家、建德 7 家、淳安 4家（见图 1 - 2）。

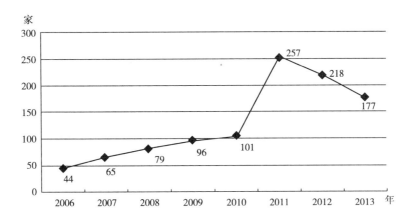

数据来源：杭州市担保行业协会。

**图1-1 2006—2013年杭州市担保机构数量变化趋势**

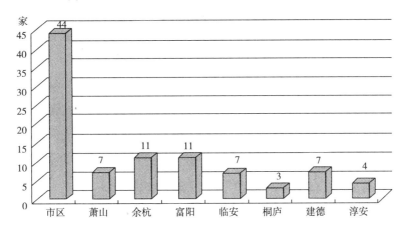

数据来源：浙江众诚资信评估有限公司。

**图1-2 2012年末杭州市区及各区、县（市）样本担保机构数量分布**

（三）担保机构规模

杭州市担保机构在发展初期规模普遍较小，随着担保行业的快速发展，担保机构的规模不断扩大，担保机构的注册资本、资产总额也不断增加。根据样本担保机构统计，截至2012年末，94家样本担保机构注册资本总额达67.65亿元，资产总额达84.13亿元，分别较2008年的24.06亿元、30.60亿元增长了181.13%和174.93%，年平均增长45.48%和43.74%，分别占浙江省参加资信评估担保机构注册资本总额、资产总额的66.52%和63.58%（见图1-3）。

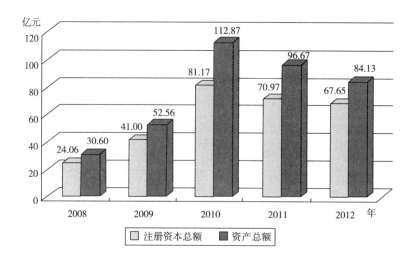

数据来源：浙江众诚资信评估有限公司。

**图1-3 2008—2012年末杭州市样本担保公司注册资本与资产总额**

1. 注册资本

根据杭州市担保协会提供的全市132家担保机构资料，截至2013年末，担保公司注册资本达87.41亿元，户均注册资本6 621.97万元。其中，注册资本500万（含）—2 000万元的担保公司18家，注册资本2 000万（含）—1亿元的担保公司81家，注册资本1亿（含）—10亿元的担保公司33家（见图1-4）。

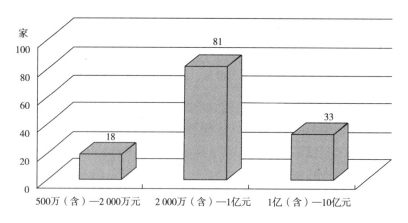

数据来源：杭州市担保行业协会。

**图1-4 2013年末杭州市担保机构注册资本分布**

根据样本担保机构统计，截至 2012 年末，94 家样本担保机构中注册资本在 5 000 万元以下的担保公司占比由 2008 年的 76.60% 下降到 2012 年的 50%，而注册资本在 5 000 万元以上的担保公司占比由 2008 年的 23.40% 上升到 2012 年的 50%，说明全市担保机构的注册资本规模不断扩大（见图 1-5、图 1-6）。

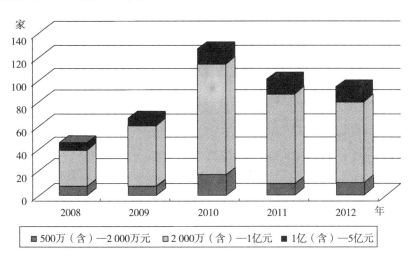

数据来源：浙江众诚资信评估有限公司。

**图 1-5　2008—2012 年末杭州市样本担保机构注册资本分布**

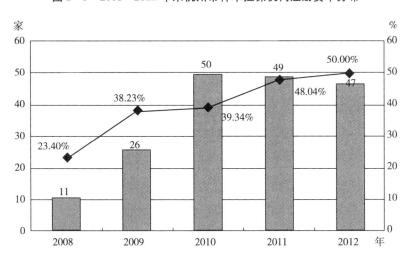

数据来源：浙江众诚资信评估有限公司。

**图 1-6　2008—2012 年末杭州市样本担保机构注册资本大于 5 000 万元的机构数量和占比**

进一步分析发现，截至 2012 年末，94 家样本担保机构的注册资本从 500 万元至 5 亿元不等，其中注册资本 2 000 万元以上的担保机构占总数的比例为 87.23%，户均注册资本 7 196.69 万元，均低于全国 91.70% 和 9 642 万元的水平，说明杭州市担保机构以中小型为主，规模普遍偏小（见图 1-7）。

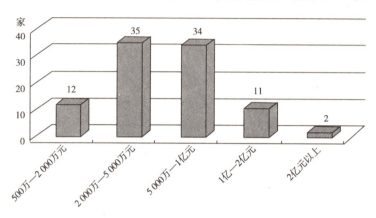

数据来源：浙江众诚资信评估有限公司。

**图 1-7　2012 年末杭州市样本担保机构注册资本分布**

2. 资产总额

根据样本担保机构统计，担保机构的资产规模不断扩大。截至 2012 年末，94 家担保公司资产总额从 619 万元至 49 481 万元不等，户均资产 8 950.31 万元，资产规模差异较大（见图 1-8）。

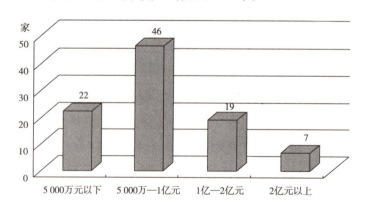

数据来源：浙江众诚资信评估有限公司。

**图 1-8　2012 年末杭州市样本担保机构资产总额分布**

根据样本担保机构统计，截至 2012 年末，总资产在 1 亿元以上的担保公司占比为 27.66%，比 2008 年的 17.02% 增长了 10.64 个百分点（见图 1-9、图 1-10）。

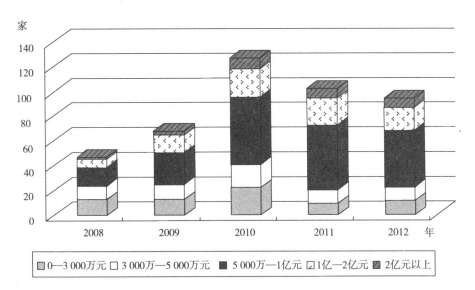

数据来源：浙江众诚资信评估有限公司。

**图 1-9　2008—2012 年末杭州市样本担保机构资产分布**

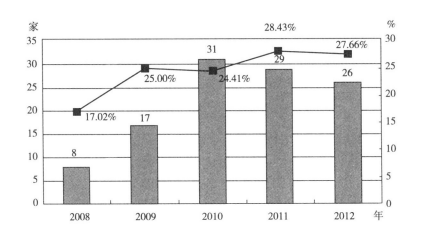

数据来源：浙江众诚资信评估有限公司。

**图 1-10　2008—2012 年末杭州市资产大于 1 亿元的样本担保机构数量和占比**

## 二、担保机构经营状况

根据杭州市担保协会提供的全市 132 家担保机构资料，截至 2013 年末，担保公司资产总额 116.86 亿元，负债总额 20.60 亿元，净资产 96.26 亿元，资产负债率为 17.63%；2013 年，担保公司担保业务收入 59 278.19 万元，成本 14 076.99 万元，利润总额 17 894.93 万元，净利润 12 272.00 万元，平均净资产利润率为 1.3%，平均资产利润率为 1.53%，收入成本率为 23.74%。

（一）担保业务收入

2008—2012 年，全市担保机构的担保业务收入快速增长。根据样本担保机构统计，2012 年，担保业务收入 53 434.65 万元，占浙江省样本担保机构担保业务收入的 70.09%，比 2008 年的 22 216 万元增长了 140.52%（见图 1 – 11）。

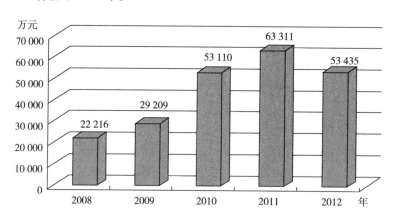

数据来源：浙江众诚资信评估有限公司。

**图 1 – 11　2008—2012 年杭州市样本担保机构担保业务收入**

2012 年，94 家样本担保机构的担保业务收入从 2 万元至 5 211 万元不等，户均担保业务收入 568.45 万元，担保机构收取的担保费率普遍较低，致使营业收入规模相对较小（见图 1 – 12）。

（二）净利润

根据样本担保机构统计，2012 年，全市 94 家样本担保公司的净利润 10 834.32 万元，与 2008 年相比增长了 10.00%，较 2011 年下降 13.84%，

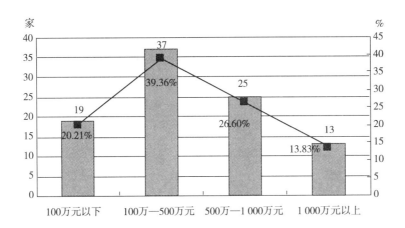

数据来源：浙江众诚资信评估有限公司。

**图 1 - 12　2012 年杭州市样本担保机构担保业务收入分布**

担保行业盈利状况不佳。分析其原因可能是 2008 年美国次贷危机导致全球经济下滑，世界经济复苏缓慢，国际需求不足，而浙江经济的外贸依存度较大，以至于出口减少；另一方面，国家 4 万亿元经济刺激计划的副作用开始显现，大量的中小企业经营困难，中小企业倒闭、破产和企业家跑路事件时有发生，担保行业的经营遭受重创（见图 1 - 13）。

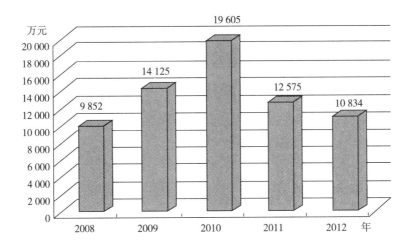

数据来源：浙江众诚资信评估有限公司。

**图 1 - 13　2008—2012 年杭州市样本担保机构净利润**

2012 年，全市 94 家担保机构的净利润从 -1 403 万元至 1 608 万元不等，户均净利润 115.25 万元。其中，出现亏损的有 23 家，盈利的有 71 家。尽管大多数担保机构进行了积极的投资运作，但由于担保费率较低、部分资金被存入银行用作收益率低的保证金以及担保机构主动提取风险准备金等因素，担保行业盈利水平普遍较低（见图 1 - 14）。

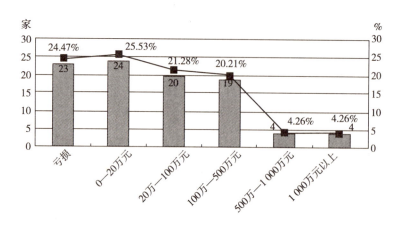

数据来源：浙江众诚资信评估有限公司。

**图 1 - 14　2012 年杭州市样本担保机构净利润分布图**

## 三、担保业务开展状况

### （一）担保笔数

根据样本担保机构统计，2008 年担保笔数为 80 350 笔，2009 年骤减到 15 826 笔，2010 年又上升到 35 425 笔，2011 年、2012 年稳步增长。这与 2008 年的次贷危机直接相关。2008 年席卷全球的金融危机导致全球经济萎缩，中小企业普遍资金紧张，企业为了防止资金链断裂急需资金支持，由于绝大多数中小企业的信用资产有限，从银行获得贷款困难，中小企业为了渡过资金短缺的困境，需要第三方保证，这给担保公司带来了良好机遇，担保公司业务量猛增。为了应对金融危机对我国经济造成的影响，2008 年底国家推出了 4 万亿元投资的经济刺激计划，加上地方政府配套的 20 万亿元，宽裕的银行信贷资金让中小企业很容易获得资金，出现担保公司的担保业务萎缩，从而导致 2009 年担保业务骤减。此后，伴随着国家逐渐收紧信贷规模，担保公司的担保业务又呈现增长态势（见图 1 - 15）。

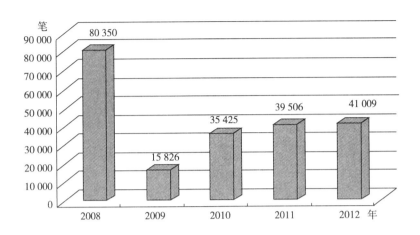

数据来源：浙江众诚资信评估有限公司。

**图 1 – 15  2008—2012 年杭州市样本担保机构总担保笔数**

2012 年，94 家样本担保公司的担保笔数从 2 笔至 11 821 笔不等，户均规模达到 436 笔。担保业务笔数在 100 笔以下的担保机构数量占比为 41.94%，1 000 笔以上的机构数量占总数的 8.60%，说明大部分担保公司的担保笔数不多，业务量有限，在一定程度上制约了担保行业的发展（见图 1 – 16）。

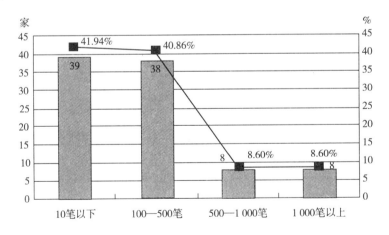

数据来源：浙江众诚资信评估有限公司。

**图 1 – 16  2012 年杭州市样本担保机构担保笔数分布**

（二）担保发生额

根据样本担保机构统计，2008—2012 年，担保公司当年担保总额变化趋势与担保笔数相似，2009 年担保总额比 2008 年下降较多，而后整体呈上升趋势。2012 年担保总额达到 304.83 亿元（见图 1 – 17）。

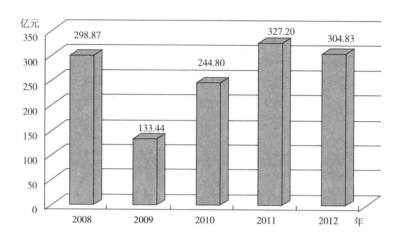

数据来源：浙江众诚资信评估有限公司。

**图 1 – 17　2008—2012 年杭州市样本担保机构当年担保额**

进一步分析发现，担保额较大的担保公司的数量在不断增长，担保机构规模逐渐扩大。虽然 2012 年担保机构数量较 2011 年、2010 年有一定程度下降，但是担保业务的集中度提高了（见图 1 – 18）。

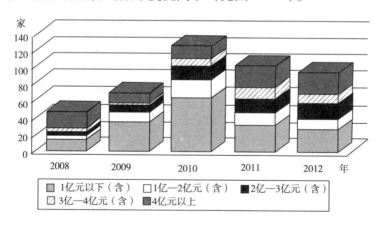

数据来源：浙江众诚资信评估有限公司。

**图 1 – 18　2008—2012 年杭州样本担保公司当年担保额分布**

2012 年，94 家样本担保公司当年担保额从 530 万元至 260 301 万元不等，户均规模达到 32 428.85 万元。短期限为主的担保时间分布和较高的放大倍数使得担保机构的担保发生额保持在较高水平（见图1-19）。

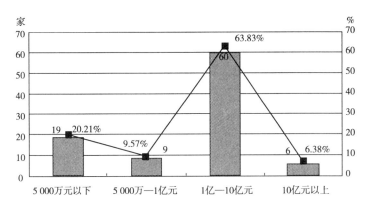

数据来源：浙江众诚资信评估有限公司。

**图1-19 2012年杭州市样本担保机构当年担保额分布**

（三）担保责任余额

根据样本担保机构统计，截至2012年末，94家样本担保公司的担保责任余额从530万元至172 705万元不等，户均担保责任余额29 100万元。受到资金实力与经营历史的制约，94家样本担保机构中担保责任余额在1亿元以下的占4.87%。从整体来看，户均担保责任余额近3亿元，说明全市的担保机构为中小企业发展创造了较为有利的经营环境，发挥了显著的社会效应（见图1-20）。

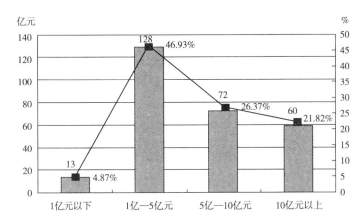

数据来源：浙江众诚资信评估有限公司。

**图1-20 2012年末杭州市样本担保机构担保责任余额分布**

根据样本担保机构统计，截至 2012 年末，94 家样本担保公司的担保责任余额 2 735 407 万元，比 2008 年的 800 834 万元增长了 241.57%，户均担保责任余额 29 100 万元，比 2008 年的 17 039 万元增长了 70.78%，可见担保机构总体业务规模呈现出明显扩张趋势（见图 1－21、图 1－22）。

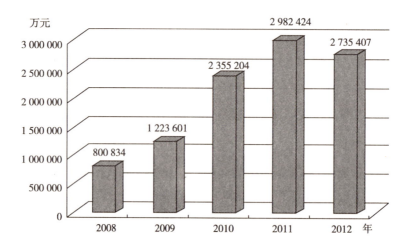

数据来源：浙江众诚资信评估有限公司。

**图 1－21　2008—2012 年末杭州市样本担保机构担保责任余额**

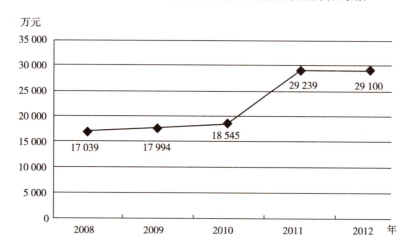

数据来源：浙江众诚资信评估有限公司。

**图 1－22　2008—2012 年末杭州市样本担保机构户均担保责任余额**

**（四）担保放大倍数**

从发展趋势看，2009—2012 年，随着担保机构经营规模逐步扩大，全市担保机构的放大倍数也逐渐提高，户均放大倍数从 2009 年末的 2.98 倍上升到 2012 年末的 4.29 倍，表面上看已大大高于全国平均水平①，但如果细分，放大倍数在 3 倍以下的有 40 家，占 42.55%；3—5 倍的有 27 家，占 28.72%；5—10 倍的有 21 家，占 22.34%；10 倍以上的有 6 家，占 6.38%。按照现行政策进行测算，担保放大倍数达不到 3 倍的，实现盈亏平衡比较困难。2012 年，94 家样本担保公司中有 23 家亏损，这些公司的户均放大倍数只有 2.64 倍，远低于样本担保公司的户均放大倍数，难以可持续发展。在放大倍数较低的情况下，信用杠杆作用不能得到有效发挥，造成担保资源的浪费，担保机构只根据企业提供的有效反担保资产价值来确定对它的担保额，忽略了企业的实际信用状况。根据中国银监会等七部委颁布的《融资性担保公司管理暂行办法》（七部委令 2010 年第 3 号），担保公司的放大倍数不能超过 10 倍，虽然全市绝大多数担保机构都满足了此规定，但与国际上担保机构普遍 10 倍的放大倍数相比，担保机构的放大倍数明显偏低，说明杭州市担保机构的规模效应不明显，存在较大的上升空间（见图 1 – 23、表 1 – 2）。

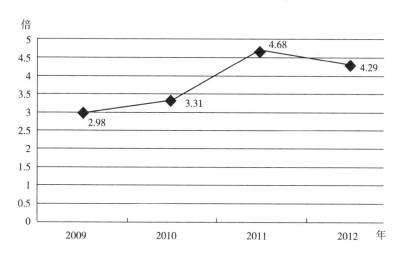

数据来源：浙江众诚资信评估有限公司。

**图 1 – 23　2009—2012 年杭州市样本担保机构平均担保放大倍数**

---

① 根据中国银监会通报，截至 2012 年末，全国融资性担保行业共有法人机构 8 590 家，资产总额 10 436 亿元，负债总额 1 549 亿元，净资产 8 886 亿元，在保余额 21 704 亿元，融资性担保放大倍数为 2.1 倍，全年担保业务收入 392 亿元，实现净利润 114 亿元，上缴税收 54 亿元。

表 1 – 2    2012 年杭州市样本担保机构担保倍数    单位：家，万元

| 担保倍数 | 机构数 | 注册资本 | 累计担保总额 | 担保责任余额 | 担保业务收入 |
|---|---|---|---|---|---|
| 1 倍以下 | 14 | 84 119 | 150 239 | 37 262 | 1 450 |
| 1—3 倍 | 26 | 133 310 | 1 006 367 | 289 157 | 6 818 |
| 3—5 倍 | 27 | 198 361 | 2 702 322 | 783 764 | 16 261 |
| 5—10 倍 | 21 | 137 311 | 3 564 422 | 745 437 | 17 821 |
| 10 倍以上 | 6 | 30 500 | 353 550 | 481 989 | 4 465 |

数据来源：浙江众诚资信评估有限公司。

## 四、担保机构资信评级

2008—2012 年，全市样本担保机构的担保资金实力、担保业务规模、代偿能力、经营管理水平和风险控制能力不断增强。依据浙江省担保机构资信评级标准，全市样本担保机构的信用等级 A– 级以上的占比呈上升趋势，表明杭州市担保行业信用等级逐年提升（见图 1 – 24）。

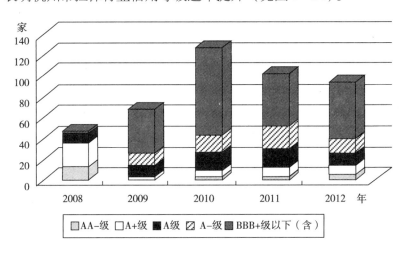

数据来源：浙江众诚资信评估有限公司。

图 1 – 24    2008—2012 年杭州市样本担保机构信用等级分布

2012 年，94 家参评机构获评 AA– 级 5 家、A+ 级 9 家、A 级 12 家、A– 级 14 家、BBB+ 级 11 家、BBB 级 27 家、BBB– 级 12 家、BB+ 级 4 家。从样本担保机构的信用等级分布结果来看，A– 级及以上级别的担保机构占样本总量的 42.55%，说明杭州市担保机构的经营环境较好，有一定的

经营历史与规模，法人治理结构与内部管理相对完善，担保业务的风险管理制度比较健全，担保资产质量良好，担保资本补偿与增长机制完善，偿债能力与资本充足性较强。担保机构在控制总体风险的前提下，为当地中小企业的发展作出了较大贡献（见图1-25）。

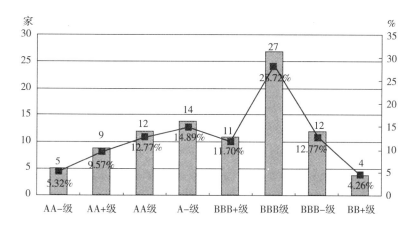

数据来源：浙江众诚资信评估有限公司。

**图1-25 2012年杭州市样本担保机构信用等级分布**

# 第二章 杭州市担保业经营环境分析

## 第一节 经济运行环境

### 一、经济总量快速增长[①]

改革开放以来,杭州经济持续高速增长,自 1991 年至 2011 年,全市 GDP 连续 20 年呈两位数增长,成为全国经济增长最快的城市之一。2012 年,在世界经济复苏势头减弱、外需持续下降、国内需求不足的大环境下,杭州市加快转变经济发展方式,着力扩大有效投资,积极推进民生改善,全年经济呈现"缓中趋稳,稳中趋进"的良好态势。全市实现生产总值 7 803.98 亿元,按可比价格计算,比上年增长 9%。其中,第一产业实现增加值 255.93 亿元,增长 2.50%;第二产业增加值 3 626.88 亿元,增长 8.50%;第三产业增加值 3 921.17 亿元,增长 10.10%。三次产业结构由 2011 年的 3.4:47.4:49.3 调整为 3.3:46.5:50.2,第三产业比重首次突破 50%。

(一) 产业发展稳中有升

1. 农业平稳增长,优势产业比重扩大

全面落实强农惠农富农政策,加快发展现代农业。2012 年,全市实现农林牧渔业总产值 384.57 亿元,增长 7.70%。其中,农业产值 207.93 亿元,增长 9%;林业产值 38.04 亿元,增长 9.10%;渔业产值 43.14 亿元,增长 10.60%;牧业产值 85.70 亿元,增长 2.50%。优势特色产业进

---

① 参见《2012 年杭州市经济运行缓中趋进》,杭州统计信息网,http://www.hzstats.gov.cn/web/ShowNews.aspx?id = gt3txrasvtQ = ,2013 - 01 - 24。

一步扩大。"五大特色"和"六大优势"产业实现产值 269.10 亿元，增长 8.90%，占农林牧渔业总产值的 70%，比上年提高 0.8 个百分点。在主要农产品中，粮食总产量 96.88 万吨，播种面积 248.17 万亩，分别下降 0.90% 和 1.40%。生猪年末存栏 210.76 万头，累计出栏 357.88 万头，分别增长 3.70% 和 4.50%。禽蛋产量下降 2.50%。

2. 工业企稳回升，产业集中度提高

2012 年是工业经济发展非常困难的一年，各级政府出台一系列支持实体经济发展的政策举措，全市工业经济从第三季度开始呈现企稳回升的发展态势。全市规模以上工业实现增加值 2 393.59 亿元，增长 10.90%；实现工业总产值 12 884.26 亿元，销售产值 12 723.67 亿元，分别增长 7.30% 和 7.20%。产业集中度有所提高，在规模以上工业中，总量居前的 10 个行业合计完成工业销售产值 8 438.24 亿元，增长 8.20%，占规模以上工业的 66.30%，比上年提高 0.9 个百分点，其中，化学原料和化学制品制造业及电气机械和器材制造业销售产值首次突破千亿元，全市销售产值突破千亿元的行业达 3 个。大中型工业企业领先增长，大型企业和中型企业实现销售产值分别为 4 881.51 亿元和 3 454.28 亿元，分别增长 8.20% 和 8.10%，小型企业增长 5.30%。重工业发展加快，全市重工业和轻工业分别完成工业销售产值 7 800.59 亿元和 4 923.08 亿元，分别增长 7.50% 和 6.60%，重工业增速快于轻工业 0.9 个百分点。出口交货值增长减缓，全市规模以上工业实现出口交货值 1 943.53 亿元，增长 1.70%，增幅比上年回落 11.5 个百分点。

3. 三产稳步提升，服务外包快速发展

全市实现第三产业增加值 3921.17 亿元，增长 10.10%。新兴产业发展较快，全市信息传输计算机服务和软件业实现增加值 453.87 亿元，增长 23.60%；金融业实现增加值 820.04 亿元，增长 10.10%；电子商务服务收入增长 72.40%；文创和信息软件主营业务收入分别增长 19.30% 和 26.40%。旅游业较快增长，全市实现旅游总收入 1 392.25 亿元，其中，国内旅游收入 1 253.17 亿元，分别增长 16.90% 和 17.80%；全市接待入境旅游者 331.12 万人次，实现旅游外汇收入 22.02 亿美元，分别增长 8.10% 和 12.50%。服务外包大幅增长，全年服务外包离岸执行额达

29.68 亿美元，增长 45.90%，增幅同比提高 14.9 个百分点。

（二）扩大需求成效显现

1. 投资增长较快，房地产销售活跃

2012 年，全市积极扩大有效投资，开展"百日攻坚"行动，投资保持较快增长。全市完成固定资产投资 3 722.75 亿元，比上年增长 20.10%，增速同比提高 3.2 个百分点，有力拉动全市经济平稳运行。新开工项目快速增长，全年施工项目 5 183 个，增长 14.80%，其中，新开工项目 2 957 个，增长 26.70%，增幅比上年提高 13.6 个百分点。基础设施投资力度加大，全市完成基础设施投资 778.52 亿元，增长 20.90%，增幅高于全市固定资产投资 0.8 个百分点，呈现逐月走高的良好态势。其中，广播电视电影音像业、文化艺术业、电力燃气及水的生产供应业和教育设施高速增长，分别增长 1 885.50%、113%、57.50% 和 49.60%。非国有投资支撑增长，全市国有投资 1 296.30 亿元，增长 16.70%，非国有投资 2 426.46 亿元，增长 22%，增幅高于全市固定资产投资 1.9 个百分点，对投资增长贡献率达 70.20%。房地产投资放缓，销售活跃，全市完成房地产开发投资 1 597.36 亿元，增长 22.60%，同比回落 13.6 个百分点。全市新建商品房销售面积 1 089.62 万平方米，增长 48.40%，其中，住宅销售面积 920.26 万平方米，增长 54%，比第一季度和上半年分别提高 70.6 和 23.2 个百分点。

2. 消费稳步提升，汽车销售回暖

认真实施促进消费政策，努力打造"购物天堂，美食之都"，积极培育消费热点，扩大消费总量。2012 年，全市实现社会消费品零售额 2 944.63 亿元，比上年增长 15.50%，扣除价格因素实际增长 13.30%，实际增幅高于 GDP 增幅 4.3 个百分点。自下半年以来，增速呈现逐月走高的良好态势。分行业看，批发零售业零售额 2 630.23 亿元，住宿餐饮业零售额 314.40 亿元，分别增长 15.60% 和 14.90%。分地域看，城镇零售额增长 15.40%，乡村增长 18.1%，乡村快于城镇 2.7 个百分点。分商品大类看，汽车销售有所好转，汽车类零售额增长 10.80%，通信器材类零售增长 41.90%、金银珠宝类零售增长 31.20%、服装鞋帽针纺织品类增长 17.20%，但家用电器音像器材类和电子出版物音像制品类零售额分别下降 7.70% 和 16.50%。

3. 出口持续回落，利用外资增长平稳

2012 年，全市实现进出口总额 616.8 亿美元，比上年下降 3.60%。其中，进口总额 204.2 亿美元，下降 9%；出口总额 412.6 亿美元，下降 0.60%。从出口商品看，高新技术产品和机电产品出口分别下降 4.10% 和 0.10%，服装出口下降 7.90%，纺织品出口增长 0.30%。从贸易方式看，一般贸易出口 332.4 亿美元，比上年增长 0.70%；加工贸易出口 79 亿美元，下降 6.10%。全市实际利用外资 49.61 亿美元，增长 5.10%。新批对外投资项目 140 个，中方总投资 7.21 亿美元。引进浙商回归项目到位资金 418.86 亿元，总量位居全省第一。

（三）产业转型升级积极推进

1. 十大产业加快发展

以十大产业发展为突破口，带动整体经济提升。全市实现十大产业增加值 3 511.85 亿元，增长 13.60%，增幅高于全市 GDP 增速 4.6 个百分点，占生产总值比重由上年的 42.90% 提高至 45%，拉动全市经济增速 5.8 个百分点。其中，先进装备制造业、新能源、节能环保和生物医药产业合计实现增加值 1 405.13 亿元，增长 10.30%，高于工业增加值增幅 1.2 个百分点；实现电子商务增加值 233.38 亿元，增长 55.10%；文创产业、物联网、信息软件增加值分别增长 15.60%、15.30%、18.50%。十大产业完成投资 718.97 亿元，增长 25.90%，增幅高于全市固定资产投资 5.8 个百分点，其中文创、信息软件、物联网和金融服务产业投资分别增长 28.10%、51.20%、90.80% 和 158.90%。

2. 高耗能行业比重下降

全市规模以上工业中，纺织业等六大高耗能行业合计完成工业销售产值 3 922.55 亿元，增长 3.20%，增幅低于规模以上工业 4 个百分点，同比回落 15.6 个百分点，占规模以上工业销售产值比重由上年的 32% 下降至 30.80%。全市 37 个工业行业大类中销售产值总量排名居前的 10 个行业中，高能耗行业由上年 5 个减少至 3 个，结构调整成效明显。

3. 创新驱动活力增强

全市新认定国家重点扶持高新技术企业 195 家、省级高新技术企业研发中心 49 家。规模以上工业高新技术产业实现销售产值 3 454.85 亿元，增长 10.20%，增幅高于规模以上工业 3 个百分点，占规模以上工业销售产值比重 27.20%，同比提高 0.8 个百分点。实现工业新产品产值 3 175.29 亿元，增长 15.80%，增幅高于规模以上工业总产值 8.5 个百分点，新产品产值率由上年的 22.30% 提高至 24.60%，创历史新高。全市专利申请量和授权量分别达 53 785 件和 40 651 件，比上年增长 31.50% 和 39%，其中发明专利申请量和授权量分别增长 23.10% 和 22.50%。规模以上工业科技活动经费支出增长 13.30%，增幅高于主营业务成本 10 个百分点，其中购买技术成果费用增长 40.30%。

## 二、民营经济平稳运行①

杭州作为全国民营经济发展最具活力的地区之一，民营经济在经济社会发展中起到了举足轻重的作用。国家统计局规定，小型工业企业的年销售额认定标准为 3 000 万元以下；中国银监会规定，单户授信 500 万元以下和年销售额 3 000 万元以下为小企业。按照上述标准，杭州市中小企业占全市所有企业总数的 99% 以上。因此，杭州的民营经济中，中小企业占据绝对优势，可以说，杭州的民营企业大多数是中小企业，而中小企业则绝大多数是民营企业。这不仅与杭州市国有资产"抓大放小"的发展战略有关，也与杭州市民营经济十分活跃相关。目前，民营经济已经渗透到了杭州市大大小小 37 个行业，不仅在传统的机械、造纸、食品、饮料、服装纺织、贸易、服务业等行业中占据重要位置，而且也正在逐步扩展到医药、IT、光电信息工程、新材料、环境保护等多个高新技术领域。

2012 年，全市民营经济实现生产总值 4 658.98 亿元，占全市生产总值的 59.70%。截至 2012 年末，全市共有私营企业 19.5 万户，比上年末增长 7.60%，个体工商户 31.99 万户，增长 2.60%，私营企业和个体工商户的从业人员分别达到 160.33 万人和 68.55 万人。杭州市民营经济发展监测指标见表 2-1。

① 参见《2012 年杭州市民营经济运行总体平稳》，杭州统计信息网，http://www. hzstats. gov. cn/web/ShowNews. aspx? id = hoZs5JFsJxg = ，2013 - 02 - 05。

表 2－1　　　　　　　　　2012 年杭州市民营经济发展监测指标

| 指标 | 2012 年 | | |
| --- | --- | --- | --- |
| | 绝对数（亿元） | 比上年增长（%） | 比重（%） |
| 民营商贸企业商品销售总额 | 11 481.52 | 8.70 | 73.50 |
| 民营固定资产投资额 | 2 087.81 | 19.30 | 56.10 |
| 规模以上民营工业销售产值 | 6 448.87 | 7 | 50.70 |
| 规模以上民营工业新产品产值 | 1 582.46 | 16.80 | 49.80 |
| 财政收入总额中民营经济收入 | 513.30 | -0.80 | 31.50 |

数据来源：杭州市统计局。

（一）民营商贸、民营工业稳中有升

2012 年，全市民营商贸企业商品销售总额 11 481.52 亿元，增长 8.70%，比第一季度（7.60%）、上半年（5%）和前三季度（5.70%）分别提高 1.1 个、3.7 个和 3.0 个百分点，比全市平均水平高 0.7 个百分点。全年民营商贸比重达 73.50%，比上年提高 0.5 个百分点。规模以上民营工业销售产值 6 448.87 亿元，增长 7%，低于全市平均水平 0.2 个百分点，比第一季度（7.30%）低 0.3 个百分点，比上半年（5.90%）和前三季度（6.10%）分别提高 1.1 个和 0.9 个百分点。全年民营工业比重 50.70%，比上年下降 0.1 个百分点。

（二）民营投资增幅持续回落

2012 年，全市民营固定资产投资额 2 087.81 亿元，增长 19.30%，比第一季度（36.80%）、上半年（33.90%）和前三季度（22.10%）分别回落 17.5 个、14.6 个和 2.8 个百分点，呈持续回落趋势。全年民营投资增幅低于全市平均水平 0.8 个百分点，民营投资比重 56.10%，较上年下降 0.4 个百分点。

（三）民营财政贡献回落趋缓

2012 年，全市民营经济财政收入 513.30 亿元，下降 0.80%，比第一季度（-11.90%）、上半年（-1.30%）和前三季度（-2.50%）降幅分别收窄 11.1 个、0.5 个和 1.7 个百分点，民营财政贡献回落逐渐趋缓。但全年民营经济财政收入增幅与全市平均水平相比仍有较大差距，比全市财政收入总额增幅 9.30% 低 10.1 个百分点。

### （四）民营创新能力进一步增强

民营工业中体现发展后劲的规模以上民营工业新产品产值增长16.80%，增幅较第一季度（14.80%）、上半年（12.80%）和前三季度（13%）分别提高2.0个、4.0个和3.8个百分点，比全市平均水高0.9个百分点，民营工业新产品产值比重为49.80%，较上年提高0.4个百分点，民营创新能力进一步增强。

## 三、中小微企业面临融资困境

受到国际政治经济形势不稳定、人民币升值、原材料价格上升、劳动力价格提高、货币流动性收紧、出口形势恶化等多方面因素的影响，杭州市中小企业正面临前所未有的困难，特别是融资困难尤为突出。

### （一）资金普遍紧张

由于中小微企业经营规模普遍较小，厂房、土地、机器设备等资产有限，办公用房、加工车间往往也是租赁来使用的，因此，中小微企业可用于贷款抵押的资产较少。中小微企业内部治理结构不规范，存在信息不对称，外部人员难以了解企业内部的财务状况、经营成果等真实数据，金融部门对企业内部的真实情况不清楚，造成银行对企业监督的成本较高，客观上增加了商业银行给企业贷款的难度。中小微企业发展周期短，缺乏良好的诚信记录，往往难以申请到信用贷款。中小微企业规模小、经营业绩不稳定，大多缺乏自己的品牌，没有强大的市场营销网络和稳定的营销渠道，存在较大的市场风险。按照目前商业银行的贷款审批制度，中小微企业常常达不到银行贷款风险控制的基本要求。杭州市规模以下工业企业（年主营业务收入2 000万元以下）抽样调查样本监测资料显示，截至2012年末，全市有20.50%的小微工业企业认为资金紧张是当前企业面临的突出问题，高于第三季度末11.3个百分点。由于年底应付款兑清、工薪发放等资金支付压力，企业流动资金很紧张（缺口20%以上）的企业占比为5.40%，紧张（缺口1%～20%）的占比为22.10%，基本正常的占比为70.43%，资金宽裕的仅占2.11%。

### （二）融资渠道不畅

目前，我国还没有成立为中小企业提供融资服务的二板市场，资本市场的多元化层次尚未形成，创业投资体制不健全，产权交易市场功能尚未发挥，风险投资发展滞后，非正规融资缺乏法律支持，所有这些因素都使得绝大多数中小企业无法通过股票和债券市场直接融资。现有中小企业通过债券市场进行直接融资的比例较低，尚处于起步阶段。由于我国票据市场与商业信用还不够发达，中小企业通过票据贴现融资比较困难，绝大多数中小企业只能依靠银行贷款进行融资，而银行等金融机构有严格的风险评估制度，将贷款对象主要锁定在"大集团、大企业"，对中小企业而言，信贷门槛相对较高。从中小企业发展的实践来看，虽然内源融资在初创期发挥了巨大作用，有效解决了资金不足的问题，但毕竟初创期的中小企业经营规模较小，市场风险较大。随着中小企业的不断成长，对内部股东融资的依赖性不断提高，自有资金不足的问题也将逐渐暴露。杭州市统计局样本监测资料显示，有14.90%的中小企业认为融资难是当前企业面临的突出问题。2012年第四季度有38.39%的中小企业存在向银行借款的需求，其中，只有7.71%的企业全部借到，有10.28%的企业大部分借到，有7.44%的企业借到少部分，还有12.96%的企业有借款需求但没能借到。

（三）融资困难加剧

我国现行金融机构的制度设计和管理模式以及中央、地方政府政策等都是影响中小企业融资困难的直接原因。众所周知，我国债券筹资只针对大中型企业，而证券市场以大中型企业股票上市融资为主，再加上在证券市场上融资的时间长、门槛高等原因，造成债券融资、股权融资对中小企业而言只能"望洋兴叹"。一方面，无论是国有商业银行还是股份制商业银行，都已进入市场化运作，由于没有相关的鼓励政策，这些银行对中小企业融资服务普遍缺乏原动力，特别是在没有完全市场化竞争的情况下，银行的贷款更热衷于投向国家项目、地方政府项目以及经营业绩稳定的大中型企业；另一方面，担保行业发展滞后。按照中小企业融资的国际经验，为解决中小企业自身经营规模小、抵押物不足等问题，担保机构可以通过融资担保来缓解这一矛盾。由于担保机构是依靠市场机制运行，对担保业务承担连带责任，所以担保业务风险较大。一旦被担保的中小企业出现经营问题，将会给担保机构造成重大的影响。目前，由于缺乏再担保机构和相应政策措施来降低担保机构的风险，担保机构在没有绝对把握的情况下对中小企业融资担保不感兴趣。根据对杭州市重点工业企业的监测，2012 年第三季度，有超过 75% 的企业认为资金有压力或紧张，有 37% 的企业参与了企业互保行为。值得关注的是，受企业效益持续下滑影响，部分企业出现了资金链断裂。截至 2012 年 9 月末，萧山区累计有 66 家工业企业因为资金链断裂而出现停产半停产状况，涉及银行贷款 49.5 亿元、民间借贷资金 8.5 亿元。由于部分企业资金链断裂引发的担保链问题，金融机构对民间借贷等社会融资引发的风险更为关注，银行对小微企业贷款条件更趋苛刻。中小微企业授信额度减少，贷款保证金提高，贷款利息不降反升。据有关部门监测，2013 年第一季度全市工业企业融资景气指数仅为 71.2，流动资金充裕的工业企业仅占 5.40%，有 20.20% 的企业认为流动资金紧张。

## 第二节　金融发展环境

金融业作为杭州市重点发展的十大产业之一，它既是提升杭州城市能级、增强城市综合竞争力的战略性支柱产业，也是支撑其他产业发展、推动杭州经济转型升级的先导性基础产业。金融业的快速发展，有力地支撑了杭州经济社会进步和居民生活品质提高，它已成为经济发展的重要推动力量。2012 年，全市实现金融服务业增加值 820 亿元，占全市地区生产总值的比重达 10.10%，整体金融实力在长三角区域内仅次于上海，金融总量和金融综合竞争力排在北京、上海、广州、深圳之后，位居全国大中城市第五位。

### 一、金融业稳步发展

#### （一）金融生态环境持续向好

杭州市金融生态环境良好，连续多年位居全国大中城市金融生态环境评价排行榜榜首。杭州地区的银行、证券、期货等金融机构的盈利水平位于全国前列，金融资产质量稳居全省第一。比如，银行业发展效益、速度、稳定性及辐射力在国内同类城市中首屈一指，其总量远远超过西部一些省份，而且银行不良贷款率一直处于全国较低水平，贷款损失准备充足，拨备覆盖率较高。2008 年，随着打造长三角南翼区域金融中心的稳步推进，杭州市出台了《关于推进长三角南翼金融中心建设的若干意见》（杭政函〔2008〕273 号）等一系列文件，金融法制环境不断优化，地方征信体系不断完善，政府联合征信系统基本成形。另外，通过积极打造多元化金融集聚区，吸引中小银行专营总部、资产（财富）管理投资机构总部和外资金融机构集聚杭州，逐步发展壮大地方金融板块，做大做强现有本土金融机构，设立新的本土金融机构，不断完善多层次资本市场体系，努力拓展多渠道农村金融供给，进一步营造良好的金融生态环境。

（二）金融服务体系相对完善

由于具有优良的金融生态环境，杭州已成为各类金融机构争相进入的福地。近年来，杭州地区银行、保险机构数量迅速增长，证券、期货分支机构快速扩张，基金、信托、租赁等其他金融机构多元并存、不断发展，已经形成了银行、保险、证券、信托、期货、融资租赁、创投、股权投资、担保、产权交易和互联网金融等共同发展的金融机构体系。截至2012 年末，全市有各类金融机构 310 家，占全省金融机构总数的近六成，金融机构密集程度居全国副省级城市前列，是全国大中城市中金融机构种类最为齐全、金融业务发展最快的城市之一。目前，杭州市金融业已基本形成了以银行信贷市场为主，资本市场、保险市场、产权市场和外汇市场等相继发展的格局，基本形成统一开放、竞争有序、严格管理的金融市场体系，金融市场功能发挥明显，金融机构业务量和利润额持续增长。

（三）金融创新不断推进

在建设长三角南翼金融中心的过程中，杭州市高度关注多层次资本市场的建设，持续推进金融创新活动。面对金融危机，围绕缓解中小企业融资难和推动产业转型升级，杭州市一方面积极探索组织载体创新，成立银行科技支行、小额贷款公司、村镇银行、信用担保联盟、金融超市、创投服务中心、创投引导基金等；另一方面，加强金融产品创新，率先推出网络联保贷、网络小微贷、金融仓储、贷联投、商贷通、金融风险池等创新产品，探索设立债权基金、担保基金和种子基金；同时，推进金融业务模式创新，推行联合担保、桥隧模式、反担保方式和股权质押融资，着力解决小企业融资难和担保难等问题。总之，近年来杭州市金融创新浪潮持续不断，既有政府、银行、企业合作的供应链金融模式，比如建设银行与阿里巴巴的网上联合贷款，也有金融仓储类金融企业诞生，形成了新兴的供应链金融创新；既有股权投资的风险投资基金，也有在组织体制创新基础上的集合债创新，形成了结构性金融产品；既有面向农村的村镇银行，也有面向科技型中小企业的科技银行机构创新；既有融入政府资金的信用担保体制创新，也有投资基金和资产管理服务平台的市场创新。

### （四）金融综合竞争力持续增强

在长三角地区，杭州市的金融总量和金融综合竞争力仅次于上海，呈现出被国内金融界称为"杭州现象"的高效益、低风险的运行特征。截至 2012 年末，全市金融机构本外币存款余额 20 148.77 亿元，比上年末增长 9.50%；贷款余额 18 090.90 亿元，比上年末增长 9.20%，其中，当年新增贷款 1 512.42 亿元，比上年减少 158.02 亿元，个人消费贷款余额 2 600.56 亿元，比上年末增长 4.10%；全市上市公司累计 98 家，实现上市融资 972.5 亿元，其中 2012 年新增上市公司 6 家，募集资金 52.62 亿元；2012 年，全市保费收入 247.92 亿元，比上年增长 17.40%，其中财产险保费收入 113.36 亿元，增长 17.80%，人身险保费收入 134.56 亿元，增长 17.10%；2012 年，全市共支付各类保险赔款 85.40 亿元，增长 36.90%，其中财产险赔款 62.08 亿元，增长 37.20%，人身险赔款 23.32 亿元，增长 36%。虽然受宏观经济形势影响，全省中小企业破产倒闭风潮逐渐蔓延，企业脱离主业过度投机，或过多涉及关联担保、民间借贷等现象层出不穷，银行信用风险事件呈高发态势，但是杭州市充分发挥金融综合竞争力的优势，将银行不良贷款率控制在较低水平。

## 二、本土金融势头良好

杭州市本土金融由杭州银行、杭州联合农商银行、杭州工商信托股份有限公司等组成，起步扎实，发展势头良好，且单体效益普遍较好[①]。杭

---

① 参见《杭州市本土金融业发展对策研究》，杭州社科门户网，http：//www. hzsk. com/portal/n1694c98. shtml，2011－05－20。

州市本土金融机构自成立以来，业务量成倍上升，信贷投放的增长速度和增加额在全国同业中均处于领先地位。尤其是杭州银行，自1996年9月成立以来，经过10多年的努力，已发展成为一家资产质量良好、盈利能力较强、综合实力跻身全国城市商业银行前列的具有良好投资价值的股份制商业银行。截至2012年末，杭州银行资产规模达到3 249.84亿元，较上年增加33.22%；各项存款余额2 206.89亿元，较上年增加21.23%；各项贷款余额（含贴现）1 521.39亿元，较上年增加19.94%；全年实现营业收入97.88亿元，利润总额44.75亿元，净利润35.58亿元，分别比上年增加30.28%、32.53%和32.19%；全面摊薄净资产收益率20.32%，较上年提高8.95个百分点；不良贷款余额14.82亿元，不良贷款率0.97%；拨备余额37.98亿元，拨备覆盖率256.22%，年末拨贷比2.50%。此外，该行锐意进取，不断创新，组建了重点扶持初创期、高成长性、科技型中小企业发展的科技支行，并形成了"四位一体"的经营模式及多元化合作方式。截至2012年末，杭州银行科技金融贷款余额75.73亿元，比上年末增加41.91亿元，增长124%；科技金融客户1 094户，比上年末增加712户，成为杭州本地产业结构转型升级的"助推器"。随着杭州市本土金融的不断发展，陆续出现了一批小额贷款公司，其中，近40%的公司注册资本达到上限2亿元，户均规模1.33亿元。杭州市中小金融机构的本土化发展，使得这些本土金融机构与杭州市中小微企业的联系越来越紧密，也使得这些本土金融机构在杭州市经济社会发展进程中的影响越来越显著。

### （一）促进储蓄转化为投资

杭州市本土金融业发展最明显的功能就是提高了储蓄转化为投资的速度与效率。通过发展杭州本土中小金融机构可以实现对社会资金的重新安排。这种重新安排，一方面提高了储蓄的总水平，即通过其灵活的经营机制，有效地聚集了大量社会闲散资金，支持杭州市中小企业的发展。截至2012年末，杭州联合农商银行、萧山农村合作银行、余杭农村商业银行和临安农村信用联社分别实现存款余额734.08万元、662.71万元、367.81万元和12.47万元。另一方面，则是更有效地分配了资金，提高了投资的边际收益率。截至2012年末，杭州联合农商银行、萧山农村合作银行、余杭农村商业银行和临安农村信用联社分别实现贷款余额 532.10 万元、468.07 万元、249.84 万元和 8.17 万元，一定程度上调整了杭州地区金融资源配置结构与经济结构的失衡状态，促进了杭州经济的健康发展。

（二）缓解个体、小微企业和"三农"融资困难

杭州银行自成立以来，始终坚持"市民银行、中小企业主办银行"的差异化市场定位，为杭州市个体、小微企业提供了一个良好的融资平台，有力缓解了个体、小微企业融资困难。截至 2012 年末，杭州银行下辖的 126 家分支机构共实现小微企业贷款（工信部标准）562.19 亿元，较上年增长 22.70%，占全行贷款总额的 37.20%；小微企业贷款客户达 21 414 户，较上年增加 2 035 户，其中小微企业公司信贷客户数 6 450 户，个人经营性贷款客户数 14 964 户。杭州联合农商银行坚持"做小、做散、做深"和服务"三农"、中小企业、小微企业客户的市场定位，在支持农村经济发展中的地位日益突出，发挥了举足轻重、不可替代的重要作用。自 2005 年 2 月 5 日由原杭州市区信用联社改制成立以来，截至 2012 年末，其资产总额达 909.76 亿元，下辖 142 个网点共实现各项贷款 532.10 亿元，其中个人经营性贷款 106.38 亿元。

（三）强化市场竞争，规范金融秩序

目前，我国大型金融机构提供的金融服务与小微企业的融资需求不匹配。工农中建四大银行的贷款业务重点在：（1）国家级、省级、市级重点建设项目，如铁路、公路、码头、核电、能源、电力电网及政府土地储备、旧城改造等，以及各层面的 500 强企业、当地龙头企业、大型企业集团等，贷款的中长期化趋势明显。在对公存款上普遍把国库预算单位、省市级行政事业单位、证券公司、保险公司、移动联通等系统性、垄断性客户作为维护或营销的对象。（2）优质中小企业客户。银行明确提出优质中小企业拓展的户数目标和贷款目标，并将其纳入支行行长经营绩效考核范围。（3）个人资产业务和个人优质客户。这种市场定位使得国有商业银行争夺的焦点非常集中，以至于小微企业难以从国有大型银行获得贷款，小微企业融资难的问题一直未能有效解决。杭州本土金融机构的发展，一方面促使国有银行从内部发生一定程度的转变，有力地促进其向商

业化转轨的步伐；另一方面，杭州本土金融机构的规范化运行有力地支持了杭州市小微企业的发展，在贷款融资上给予了有力的帮助，一定程度上制约了地下金融活动，促进地方金融市场的发展和金融秩序的规范。

## 三、区、县（市）金融发展不平衡

由于自然环境、地理位置、金融发展和政府政策等多种因素影响，杭州市各区、县（市）之间经济总量及发展速度差异较大。金融是经济的核心，经济的快速发展离不开金融的支持。国际上通常采用金融相关率（FIR）即金融资产总量与GDP之比来衡量一国或一个地区金融发展水平，金融相关率越高，表明经济发展中的金融发展水平也越高。由于国内缺乏城市金融资产总量数值，这里用存款加贷款近似代表金融资产总量。通过比较发现，杭州市各区、县（市）的金融相关率存在较大的差异，市区的金融相关率达到5.61，萧山为3.25，而临安只有1.78，说明各区、县（市）之间的金融发展水平存在较大的差异（见表2-2）。

表2-2　杭州市各区、县（市）经济金融环境与样本担保机构业务规模对比

| 项目 | 市区 | 萧山 | 余杭 | 富阳 | 临安 | 桐庐 | 建德 | 淳安 |
|---|---|---|---|---|---|---|---|---|
| 2012年地区生产总值总量（亿元） | 6 211.7 | 1 611.72 | 834.94 | 541.4 | 382.2 | 262.25 | 247.2 | 159.23 |
| 2012年末贷款额（亿元） | 16 506.19 | 2 482.11 | 1 132.01 | 674.16 | 315.31 | 224.56 | 212.49 | 159.10 |
| 2012年末存款额（亿元） | 18 371.92 | 2 757.35 | 1 466.5 | 678.48 | 363.65 | 273.85 | 243.67 | 217.22 |
| 金融相关率 | 5.61 | 3.25 | 3.11 | 2.50 | 1.78 | 1.90 | 1.85 | 2.36 |
| 担保机构注册资本（万元） | 384 971 | 49 707 | 91 137 | 55 388 | 35 118 | 9 000 | 32 168 | 13 000 |
| 担保机构资产总额（万元） | 458 071 | 59 905 | 103 416 | 93 239 | 52 618 | 13 051 | 44 633 | 16 396 |
| 2012年担保笔数（笔） | 28 995 | 2 457 | 8 591 | 7 908 | 2 285 | 637 | 1 563 | 999 |
| 2012年担保总额（万元） | 1 547 629 | 330 308 | 464 437 | 412 978 | 120 004 | 36 509 | 87 729 | 48 718 |
| 担保责任余额（万元） | 1 597 200 | 249 709 | 343 736 | 289 860 | 109 993 | 33 467 | 61 480 | 49 962 |

数据来源：杭州市统计局、浙江众诚资信评估有限公司。

2012年，萧山区实现地区生产总值1 611.72亿元，按可比价格计算，比上年增长10.10%，其中，第一产业增加值56.96亿元，第二产业增加值989.22亿元，第三产业增加值565.54亿元，依次分别增长2.60%、11.40%和8.50%；三次产业结构由2011年的3.7:61.3:35.0调整为2012

年的 3.5∶61.4∶35.1；按户籍人口计算的人均地区生产总值达到 130 797 元。按国家公布的当年平均汇率折算，人均地区生产总值达到 20 720 美元。民营经济是萧山的品牌和亮点，也是萧山区经济发展的优势和活力所在。目前，萧山区共有私营企业 2.3 万余家，个体商户 5.2 万余户，在 2012 年全国民营企业 500 强中，萧山有 19 家企业入围。个私民营经济已经占到了萧山区生产总值的 90% 以上，财政收入的 80% 以上，成为萧山经济的重要支柱。担保业的发展与当地经济金融环境有着密切关系，各区、县（市）担保机构业务规模和当地经济金融发展状况紧密相关，比如，萧山区有着发达的经济金融环境，为担保机构的快速发展创造了有利条件。目前，萧山区担保机构的注册资本、资产总额、累计担保余额、担保责任余额等都名列前茅。

另外，值得注意的是余杭区的担保业发展也引人注目，除了归功于当地的民营经济以外，还与地方独特的金融环境紧密相关。当前，实体经济面临严峻的挑战，萧山、余杭以及周边县（市）的企业互保现象严重，出现了企业资金链断裂现象，造成一些县市金融风险蔓延。余杭区的经济、金融生态环境良好，总体保持稳定，这与当地担保业较为发达、担保机构稳健经营有关。余杭区的中小微企业能方便地通过融资性担保机构，提高融资信用，获得银行贷款，形成银行—担保机构—企业之间规范有序、符合市场规律的金融产业链，减少了企业互保覆盖面，有效降低了区域金融风险。余杭区担保业的敢于担当保障了区域金融安全，被誉为"捍卫余杭金融生态的一支特殊力量"。

## 第三节　政策扶持环境

### 一、政府扶持政策

杭州市担保行业的发展，得益于经济发展的需求和政府的积极引导。杭州市先后出台了《关于促进中小企业信用担保体系建设的若干意见》（杭政〔2002〕6 号）、《杭州市中小企业信用担保机构信用评价和奖励暂行办法》（杭经中小〔2003〕432 号）、《关于进一步加强中小企业信用担保体系建设的若干意见》（杭政办〔2008〕13 号）、《杭州市中小企业信用担保机构风险补偿资金管理暂行办法》（杭政办函〔2008〕410 号）、《杭州市担保联盟构建及运营管理办法（试行）》（杭政办〔2009〕16 号）等一系列政策文件，从行业指导、风险补偿、业务监管和评级奖励等方面都给予了担保机构一定的引导，为担保机构快速发展提供了政策支持。

2002 年 4 月，杭州市政府出台《关于促进中小企业信用担保体系建设的若干意见》（杭政〔2002〕6 号），提出要充分认识并加快建立、完善和规范建立中小企业信用担保体系，针对信用担保机构提出若干扶持政策：凡经省、市中小企业行政主管部门推荐，国家经贸委审核批准，纳入全国试点范围的担保、再担保机构，其担保或再担保业务收入，三年内免征营业税；各级政府设立中小企业信用担保专项资金，用于支持各级担保和再担保机构的创业资助、担保和再担保机构风险补偿的资助以及担保机构的奖励等；各区、县（市）政府对中小企业信用担保机构给予一定的创业资助，具体比例和金额由各区、县（市）政府根据财力情况确定；创业资助的资金可以进入担保机构的注册资本；对运行良好、管理规范的担保机构实行担保和再担保的风险补偿资助；对担保覆盖面广、社会贡献大、风险防范效果好的担保机构给予奖励；有关部门积极支持中小企业信用担保体系建设，将担保机构作为中小企业服务体系建设的重要组成部分，给予重点支持；工商、房管、土管、车管等有关职能部门对涉及担保机构在开展担保业务中与受保企业发生的抵、质押资产，及时办理登记手续；行业主管部门尽快制定符合担保机构实际的业绩考核标准，完善担保机构的激励与约束机制。

为促进杭州市中小企业信用担保机构的健康发展，激励其提高经营管理水平，推进全市中小企业信用担保制度和体系建设，2003 年 11 月，杭州市经委、财政局联合发布了《杭州市中小企业信用担保机构信用评价和奖励暂行办法》（杭经中小〔2003〕432 号、杭财企二〔2003〕753 号），在全国率先开展对担保机构的信用评级，把评级结果和政府奖励直接挂钩，评级结果成为政府对担保机构奖励和扶持的重要依据。此项工作受到国家有关部委、中国人民银行和各地政府的高度关注。杭州市开展的对担保机构的信用评级结果，已成为银担合作的基础、政府监管的助手、行业自律和同行合作的前提。市经委每年对获得信用等级 AAA 级且符合条件的担保机构予以表彰奖励。通过对担保机构的信用评级和引导，全市担保机构的信用度不断提升，推动和促进了受保中小企业的信用建设。

为了促进杭州市民营科技企业的快速发展，杭州市建立了民营科技企业的再担保体系。2004 年 12 月，杭州市科技局、市财政局制定了《杭州市民营科技企业信用再担保资金使用试行办法》（杭科技〔2004〕121 号、杭财企二〔2004〕703 号），明确在市本级财政筹措资金设立杭州市民营科技企业信用再担保专项资金，首期 1 000 万元，为担保公司开展对民营科技企业的科技开发活动的担保业务提供适当补偿。凡在杭州市国税、地税登记纳税的专业从事信用担保的企业法人、事业法人和社团法人，在为杭州市民营科技企业提供担保后，当所担保的项目发生担保代偿损失时，再担保资金对该担保代偿损失给予适当补偿。

2005 年 10 月，国家建设部确定杭州为全国六个工程担保试点城市之一。杭州市政府办公厅转发市建委《杭州市建设工程担保管理试行办法》（杭政办〔2006〕45 号），明确规定招标、投标的建设项目应当实行投标担保，工程造价在 1 000 万元以上的建设项目（含分包的项目）应当实行承包商履约担保和业主工程款支付担保；财政全额投融资建设项目，由财政统一提供支付担保；部分财政投融资建设项目，由建设单位提供支付担保；市建设行政主管部门对工程担保活动实行统一的监督管理，各区、县（市）建设行政主管部门负责本辖区内工程担保活动的监督管理工作；各级建设工程招标投标管理办公室负责日常的管理工作。

为分散中小企业信用担保机构风险，完善担保风险补偿机制，鼓励担保机构做大做强，2006 年下半年，市财政局下发《杭州市中小企业信用担保机构风险补偿资金使用管理暂行办法》（杭财企二〔2006〕904 号），规定从 2006 年起市级财政每年对注册资本 1 000 万元以上（含）、年日平均担保责任余额为注册资本 3 倍以上的中小企业信用担保机构，在规定范围内的担保业务进行分档累进式的风险补偿，成为继宁波市之后浙江省第二个市级财政年度安排 1 000 万元以上专项资金对担保机构实施风险补偿的地区。2006 年 10 月，中国人民银行杭州中心支行、浙江省中小企业局发布了《关于开展担保机构信用评级的实施意见》（杭银发〔2006〕198

号），要求符合规定的担保机构每年均需要接受信用评级，并将信用评级结果录入企业征信系统，供金融机构和有关部门查询，担保机构的信用评级结果也作为担保市场准入的重要依据。

为了促进担保机构的快速发展，2008 年 10 月，杭州市人民政府办公厅出台了《关于进一步加强中小企业担保体系建设的若干意见》（杭政办〔2008〕13 号），提出通过探索建立市级再担保机构，继续组织开展担保机构的信用评级，完善担保机构风险补偿机制，争取省财政对地方担保机构的政策扶持等，加大对中小企业信用担保机构的扶持力度；通过加强对中小企业信用担保体系建设的领导，为企业提供登记便利，建立担保机构与金融机构的互利合作机制，鼓励各级政府、企业单位、社会团体、自然人等出资设立中小企业信用担保机构，营造有利于担保机构发展的氛围等，加强对中小企业信用担保机构的监督和管理；充分发挥行业协会作用，加强行业自律管理。2008 年 12 月，杭州市人民政府办公厅转发了市财政局、市经委、市金融办制定的《杭州市中小企业信用担保机构风险补偿资金管理暂行办法》（杭政办函〔2008〕410 号），明确规定了风险补偿资金的来源及用途、补偿对象、补偿范围、补偿标准、补偿申请受理程序以及补偿金额的确定等内容。从 2009 年起市财政每年在市中小企业发展专项资金中安排一定资金，专项用于对杭州市担保机构的风险补偿。符合条件的担保机构在法律法规许可的条件下，为杭州市行政区域内的中小企业和个体经营者提供非消费性融资担保业务以及为经市政府批准的中小企业债权基金、创业投资企业等提供融资担保业务的均纳入补偿范围。对于年日均担保责任余额在年日均实收资本 3 倍以上的担保机构，在基本补偿的基础上再给予放大倍数补偿。其中年日均担保责任余额在年日均实收资本 3 倍以上至 5 倍以下（含 5 倍）的部分，年补偿率为 0.5%；年日均担保责任余额在年日均实收资本 5 倍以上的部分，年补偿率为 1.0%。担保机构为其股东提供的担保按 70% 计算。对单户企业的担保责任金额不得超过注册资本的 10%，且单笔担保业务绝对额不得超过 500 万元；对单家担保机构的最高年补助金额，不超过该担保机构实收资本的 10%，且不超过 300 万元。

2008 年 11 月，浙江省中小企业局下发《浙江省中小企业担保公司备案管理暂行办法》（浙企财发〔2008〕96 号）；浙江省中小企业局、省银监局联合发布《关于进一步规范银行业金融机构与担保公司合作的指导意见》（浙企财发〔2008〕92 号），要求银行业金融机构应选择信用等级在 BBB 级（含）以上的担保公司作为合作对象。2009 年 2 月，国务院办公厅发布《关于进一步明确融资性担保业务监督职责的通知》（国办发〔2009〕7 号），决定建立融资性担保业务监管部际联席会议，同时明确由地方政府负责对融资性担保业务进行监督。为贯彻落实国务院《关于进一步促进中小企业发展的若干意见》（国发〔2009〕36 号）和杭州市人民政府《关于积极应对金融危机保持工业经济平稳较快发展的若干意见》（杭政〔2009〕3 号），组建以再担保增信为支撑点，政府、担保机构、银行共同参与的杭州市信用担保联盟，进一步优化金融生态环境，提升担保机构为中小企业提供融资担保服务的能力，推动银行扩大中小企业融资业务，促进全市中小企业健康发展，杭州市制定了《杭州市信用担保联盟构建及运营管理办法（试行）》（杭政办〔2009〕16 号）。

2012 年 5 月，浙江省政府办公厅转发了省中小企业局、省金融办、省银监局、省发展改革委、省财政厅、省商务厅、人行杭州中心支行、省工商局等八部门《关于进一步促进融资性担保行业规范健康发展的意见》（浙政办发〔2012〕62 号），进一步明确了浙江省融资性担保行业规范发展的指导思想和总体目标，推进建立分级审核、属地管理、联动协调、科学有效的监管机制；明确融资性担保机构的审批监管实行分级审核和属地管理；要求各地加快建立融资性担保业务监管联席会议制度，加强组织领导，从人员、经费等方面保障监管部门有效履行职责，建立融资性担保机构风险防范和应急处置机制；要求各地根据实际制定财政和税费优惠政策，提高融资性担保机构发展能力，加快制定全省融资性担保行业发展规划；要求融资性担保机构发展与各地经济发展水平、企业融资担保需求、融资性担保机构合规性、监管力量配备、政策扶持力度等相适应；重点培育扶持一批融资性担保行业龙头企业，通过市场和行政两种机制，逐步淘汰一批实力弱、业绩差、风险高、不规范的机构，全省融资性担保机构总数控制在 400 家左右；提高准入门槛，新设立融资性担保机构注册资本应在 1 亿元以上，欠发达地区可适当降低，但不得低于 5 000 万元；在省内设立分支机构的融资性担保机构，注册资本应当在 2 亿元以上。新设立融资性担保机构主发起人应当是信誉良好、管理规范、实力雄厚、无违法及不良信用记录、最近两个会计年度连续盈利的法人机构。要求全省融资性担保机构在营业场所悬挂由省级监管部门监制的行业统一标识标牌，便于社会公众辨识和监督。同时要求工商部门对未获得融资性担保机构经营许可证，仅开展非融资性担保业务的公司，在公司名称中注明"非融资性担保"，经营范围应核定为"非融资性担保业务"或"诉讼保全担保业务"、"工程项目担保业务"等，同时加注"不含融资性担保业务"。通过加强日常监管，对不从事融资性担保业务、涉嫌非法集资和高利放贷的机构要依法严格查处，坚决清退出融资性担保行业。建立年检年审制度，按照设立年限设定放大倍数考核指标，对达不到要求的进行培训、整顿和重组，经整顿仍达不到要求的依法予以退出。

## 二、行业协会的自律管理

为加强杭州市中小企业信用担保体系的建设，维护担保市场秩序，促进融资担保行业健康发展，2002 年，杭州市人民政府颁布《关于促进中小企业信用担保体系建设的若干意见》（杭政〔2002〕6 号），指出中小企业信用担保机构的发展不仅需要政府的监督管理、政策扶持，还需要担保机构之间的行业协作和自律。2002 年 9 月 19 日，由市经委牵头，正式成立杭州市担保行业协会，成为浙江省首个担保业协会。协会根据国家有关担保体系建设的法律、法规和政策规定，制定行业准则和业务规范；根据担保机构行业主管部门的授权，监督担保机构依法运行；通过培训、信息融通、信用评估、研讨交流等多种形式，指导担保机构开展担保业务。同时，通过自律逐步规范担保业务操作、行业协作，交流经验，取长补短，树立中小企业信用担保机构行业的良好社会形象和社会公信力。

担保行业协会坚持开展行业自律管理，规范提升担保机构自身素质。2011 年 3 月，经全体会员通过并制定《杭州市担保行业自律公约》，这是协会成立以来的第一个行业自律公约，进一步发挥了行业协会自律职能。积极鼓励各担保机构加入市担保业协会，纳入行业统一的自律管理，要求担保机构自觉遵守国家有关担保行业发展和管理的法律、法规和政策，建立和健全符合现代企业制度要求的法人治理结构、信用管理体系和风险控制体系，合理收费，开展合法、公平、有序的行业竞争。担保业协会的建立，对规范担保业务行为、宣扬国家担保行业最新政策、推动各地区内部及地区之间担保机构交流学习等都起到积极作用，同时及时收集整理担保行业发展数据，为政府监管部门政策出台提供依据。例如，杭州市担保行业积极贯彻中国银监会等七部委制定的《融资性担保公司管理暂行办法》（七部委令 2010 年第 3 号）和浙江省中小企业局发布的《浙江省融资性担保公司管理试行办法》（浙政办发〔2011〕4 号），组织担保机构进行了融资性担保公司经营许可证的申领和年审。2005 年 10 月，杭州市被国家建设部确定为全国六个建设工程担保试点城市之一，协会根据市政府文件，积极协助杭州市建委开展建设工程担保试点工作。

担保行业协会紧紧围绕杭州市经济建设这个中心，积极开展担保行业自律管理；努力探索担保机构自身信用的提升及风险防范的对策，为建立和完善社会信用体系、促进杭州市担保机构的规范和发展、奠定杭州担保行业在全国的领先地位、促进中小企业发展做了大量的工作。比如，在金融危机影响日显突出的情况下，协会组织担保机构采取各种措施帮助中小企业渡难关、保生存、求发展，切实缓解中小企业融资难；针对杭州市工程担保市场存在的问题，出台了关于规范工程担保市场的规定，对要求加入杭州市工程担保市场的担保机构的准入条件及收费标准等作出了明确的规定，为规范杭州市工程担保市场奠定了良好的基础；响应市政府的号召，积极参与杭州市信用担保联盟构建工作等。

# 第三章　杭州市担保业竞争力分析

## 第一节　担保机构经营历史与资本规模

### 一、经营历史

自从杭州市第一家担保公司——杭州市西湖区中小企业信用担保中心于 1999 年 9 月 1 日成立以来，在政策扶持和市场推动的双重作用下，全市担保机构迅速发展壮大，呈现出机构数量快速增加、资产规模不断扩大、经营实力不断增强的良好发展势头，以融资担保机构为主体的担保行业已基本形成（见表 3 – 1）。

表 3 – 1　　杭州市各区、县（市）样本担保机构业务规模对比

| 项目 | 市区 | 萧山 | 余杭 | 富阳 | 临安 | 桐庐 | 建德 | 淳安 | 全市平均 |
|---|---|---|---|---|---|---|---|---|---|
| 经营历史（年） | 7.02 | 4.29 | 8.55 | 6.73 | 5.43 | 7.00 | 5.86 | 6.00 | 6.71 |
| 户均人员规模（人） | 28 | 20 | 16 | 9 | 10 | 7 | 8 | 6 | 19 |
| 户均注册资本（万元） | 8 749 | 7 101 | 7 929 | 5 035 | 5 017 | 3 000 | 4 595 | 3 250 | 7 197 |
| 户均资产总额（万元） | 10 411 | 8 558 | 9 401 | 8 476 | 7 517 | 4 350 | 6 376 | 4 099 | 8 950 |
| 户均股东权益总额（万元） | 8 702 | 7 406 | 7 427 | 5 584 | 5 726 | 3 297 | 4 869 | 3 660 | 7 197 |
| 户均担保放大倍数（倍） | 4.52 | 5.85 | 4.36 | 5.22 | 2.97 | 3.38 | 1.73 | 3.71 | 4.29 |
| 2012 年户均担保笔数（笔） | 611 | 549 | 241 | 432 | 125 | 136 | 101 | 228 | 441 |
| 2012 年户均担保总额（万元） | 35 173 | 47 187 | 42 222 | 37 543 | 17 143 | 12 170 | 12 533 | 12 180 | 32 429 |
| 户均担保责任余额（万元） | 36 300 | 35 673 | 31 249 | 26 351 | 15 713 | 11 156 | 8 783 | 12 491 | 29 100 |

数据来源：浙江众诚资信评估有限公司。

根据样本担保机构统计，94 家样本担保机构的平均经营年限为 6.71 年，经营年限最长的达 13 年，最短的只有 1 年，经营年限 5 年以上的占比为 55.32%，说明全市担保机构普遍具有一定的经营历史。经营年限在 3 年以下

的担保公司占比为21.27%，说明有一小部分样本担保机构经营历史较短，在管理经验、风险控制等方面缺乏相关的经验。担保业务的特殊性决定了担保机构的经营风险往往在经营3—5年以后才能显示出来。因此，担保机构的风险防范和承受能力在未来几年内可能会面临市场考验（见表3-2）。

表3-2　　　　　　　杭州市样本担保机构经营年限分布

| 期限 | 1年以内 | 2—3年 | 4—5年 | 5年以上 |
|---|---|---|---|---|
| 数量（家） | 1 | 19 | 22 | 52 |
| 占比（％） | 1.06 | 20.21 | 23.40 | 55.32 |

资料来源：浙江众诚资信评估有限公司。

## 二、资本规模

杭州市是民营经济大市，民营经济的快速发展催生了一批资产规模较大、经济实力较强的担保机构。截至2012年末，94家样本担保机构注册资本总额达67.65亿元，平均注册资本7 196.69万元，注册资本规模最大的为5亿元，有2家，分别是浙江中新力合担保服务有限公司和浙江金桥担保有限公司，均为民营的商业性担保机构。

从各区、县（市）平均值以及最大值横向比较来看，全市各区、县（市）注册资本规模和资产规模呈阶梯状分布，与各区、县（市）的经济发达程度相对应，为地方中小企业融资作出了重要贡献。比如，市区经济比较发达，担保公司的注册资本均值高达8 749万元，资产总额均值达到10 411万元，而桐庐、淳安的经济发展相对落后，担保公司的注册资本均值分别只有3 000万元、3 250万元，资产总额均值分别为4 350万元、4 099万元（见表3-3）。

表3-3　杭州市各区、县（市）担保机构注册资本、资产规模对比

单位：万元

| 区县（市） | | 市区 | 萧山 | 余杭 | 富阳 | 临安 | 桐庐 | 建德 | 淳安 |
|---|---|---|---|---|---|---|---|---|---|
| 注册资本 | 区县（市）均值 | 8 749 | 7 101 | 7 929 | 5 035 | 5 017 | 3 000 | 4 595 | 3 250 |
| | 区县（市）最大值 | 50 000 | 20 000 | 50 000 | 5 200 | 10 000 | 5 000 | 10 168 | 6 000 |
| 资产总额 | 区县（市）均值 | 10 411 | 8 558 | 9 401 | 8 476 | 7 517 | 4 350 | 6 376 | 4 099 |
| | 区县（市）最大值 | 34 330 | 20 803 | 49 481 | 10 654 | 17 577 | 6 827 | 10 319 | 7 541 |

数据来源：浙江众诚资信评估有限公司。

随着担保机构业务的开展，其在改善企业融资环境、解决中小企业融资难问题中发挥的积极作用也逐一体现。根据 94 家样本担保机构统计，2012 年为中小企业提供融资担保 41 009 笔，当年担保总额 304.83 亿元，担保责任余额 273.54 亿元。从各区、县（市）来看，中小企业担保余额占整体担保余额规模的比例普遍较高，说明担保机构为中小企业发展作出了显著的贡献。比如，余杭区担保机构立足余杭，服务实体经济，支持中小微企业发展，大胆创新担保服务，不断提升服务质量，实现各项业务持续稳健较快发展。截至 2013 年 6 月末，余杭区担保机构在保客户 1 893 家，同比增长 10%；累计为中小微企业担保贷款 61.30 亿元，同比增长 12.80%，有效缓解了中小微企业融资难问题。

值得注意的是，此次参评的 94 家样本担保机构，基本满足人民银行和中小企业局规定的注册资本 2 000 万元以上、经营年限满 1 年等评级准入条件，对担保机构的经营历史、资金实力进行了一定的筛选。因此，样本均值显示全市担保机构普遍具备一定的经营历史和规模实力。纵观杭州市担保行业现状，中小规模担保机构的资金实力和风险防范能力仍有待加强，行业格局有待进一步整合。

### 三、担保放大倍数

由于广泛的业务需求和一定的经营历史，全市担保机构的担保业务初具规模，显示出规模效应和社会效益，各区、县（市）经济金融环境使得担保放大倍数呈现明显的区县（市）之间的差异（见图 3 - 1）。

从各区、县（市）来看，担保机构业务规模与当地中小企业融资需求、经济金融环境的差异以及金融机构对担保机构的信任程度密切相关。例如，萧山区经济和金融发达，个私民营经济是萧山的品牌和亮点，也是萧山经济的优势和活力所在。截至 2012 年末，萧山区共有私营企业 23 000 余家，个体商户 52 000 余户，在 2012 年全国民营企业 500 强中，萧山有 19 家企业入围，个私民营经济已经占到了生产总值的 90% 以上、财政收入的 80% 以上，成为萧山经济的重要支柱。民营经济的蓬勃发展为担保机构的发展壮大创造了有利的经营环境，加之大部分担保机构都与银行签订了合作协议，与银行保持了良好的合作关系，并且约定了较高的

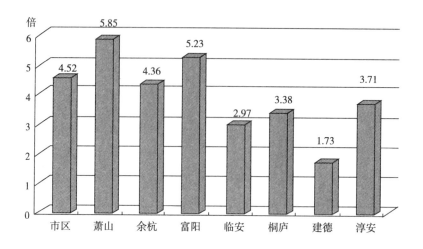

数据来源：浙江众诚资信评估有限公司。

**图3-1　2012年末杭州市各区、县（市）样本担保机构户均放大倍数**

担保放大倍数，使得担保业务既拥有大规模的市场需求又能够面对较为宽松的金融环境，显示出蓬勃的生命力。又如，富阳市的各类中小企业和民营经济发展迅速，整体资金需求旺盛，随着银行信贷趋紧，银行要求实力强的第三方为中小企业贷款提供担保，这为富阳市担保机构的业务开展创造了有利条件。

## 第二节　担保机构类型与投资主体

### 一、担保机构类型

目前，我国担保机构主要可分为三种类型：一是政策性担保机构，由地方经信委、财政局、科技局与银行等部门共同组建，担保资金主要来自于地方政府预算拨款，中央和省级政府为再担保提供资金支持，是政府促进中小企业发展的主要政策手段；二是商业性担保机构，由企业、社会个人为主出资组建，以独立法人进行商业化运作，并以营利为目的；三是互助性担保机构，是中小企业为缓解自身贷款困难而自发组建的机构，自我出资、自我服务、独立法人、自担风险，不以营利为目的。上述三种类型的担保机构均可向中央、省级担保机构申请再担保，以政府宏观引导为导向，兼顾市场，化解风险。

在担保业发展初期，以政策性担保机构为主。随着担保业的快速发展，商业性和互助性的担保机构不断增加。至今杭州市已经形成了以商业性担保机构为主，政策性、互助性担保机构共同发展的格局。截至2012年末，94家样本担保公司中有商业性担保公司74家，占78.72%；政策性担保公司15家，占15.96%；互助性担保公司5家，占5.32%（见图3-2）。

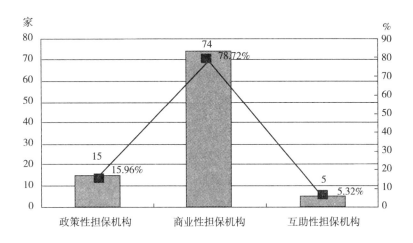

数据来源：浙江众诚资信评估有限公司。

**图3-2 2012年末杭州市样本担保机构类型分布**

随着杭州市担保行业的快速发展，市场化趋势明显。商业性担保公司越来越显示出其机制灵活、市场竞争充分、专业化水平高的优势，逐渐占据主导地位。2008—2012年，商业性担保机构数量呈现先增后稳的趋势。2010年商业性担保机构增幅明显，达到103家，增长了119.15%。2011年与2012年商业性担保机构数量有所下降，2012年比2011年减少18.92%。政策性担保机构、互助性担保机构数量较少，保持相对稳定（见图3-3）。

## 二、担保业务

目前，担保机构开展的业务种类主要有贷款担保、票据承兑担保、工程履约担保、贸易融资担保、设备租赁贷款担保等。政策性担保机构以中

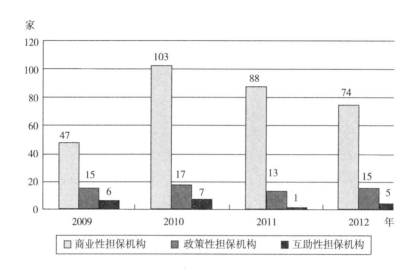

数据来源：浙江众诚资信评估有限公司。

**图 3 – 3 2008—2012 年杭州市样本担保机构类型分布**

小企业传统融资担保业务为主；而规模较大、综合实力较强的商业性担保机构则大力探索新的担保业务品种，如工程履约担保、船舶担保、应收账款担保、票据担保等业务发展较快；互助性担保机构实行会员制，主要为会员企业提供贷款担保。各担保机构由于自身优势不同，在业务开展方面往往有不同的定位。部分实力较强的担保公司结合市场环境设计各种新型业务组合。比如，有的担保机构比较注重担保品种和担保领域开拓，从原先单一通过银行为中小企业融资贷款担保向票据担保、企业债券担保、集合债担保、信用证担保、诉讼保全担保等业务拓展，从为工业企业担保向为商贸企业、外贸出口企业、"三农"企业、高科技企业担保延伸。

（一）贷款担保

贷款担保是指银行在发放贷款时，要求借款人提供担保，以保障贷款债权实现的法律行为。担保公司在中小企业提出贷款担保申请之后，考察企业的经营、财务、抵押资产、纳税、信用以及企业主等情况，初步确定是否给予担保；然后与贷款银行沟通，进一步掌握银行提供的借款人信息，明确银行拟贷款的金额和期限；再与借款人签订担保及反担保协议，办理资产抵押及登记等法律手续，并与贷款银行签订保证合同，正式与银行、借款人确立担保关系；银行在审查担保的基础上向借款人发放贷款，同时向借款人收取担保费用；担保公司跟踪借款人的贷款使用情况和借款人的运营情况，通过借款人季度纳税、用电量、现金流的增加或减少直接跟踪考察企业的经营状况。由于银行小额贷款的营销成本较高，小微企业向银行直接申请贷款受理较难，这就造成有融资需求的小微企业转向担保机构求救，担保机构选择客户的成本比较低，从中选择优质贷款项目推荐给合作银行，提高融资的成功率，降低银行小额贷款的营销成本。另外，在贷款事中风险控制方面，银行会因为此类贷款的管理成本较高而不愿在小额贷款上投放，对于这类贷款，担保机构通过优化贷中管理流程，形成对于小额贷后管理的个性化服务，分担银行的管理成本，免去银行的后顾之忧。其次，对于贷款事后风险释放，担保机构更具优势，银行直贷的项目出现风险，处置抵押物往往周期长，诉讼成本高，变现性较差，而担保机构的现金代偿大大解决了银行处置不良贷款难的问题，有些担保机构做到1个月（投资担保甚至3天）贷款逾期即代偿，银行的不良贷款及时得到消除，之后再由担保机构通过其相比银行更加灵活的处理手段进行风险化解。

2012年，杭州市民营经济实现生产总值4 658.98亿元，占全市生产总值的59.7%，说明杭州市中小企业在良好的区位优势和有利的政策支持下保持着持续高效的发展态势，而杭州地区中小企业的健康发展也反过来为担保机构的稳健经营提供了前提条件。通过调研发现，杭州市融资性担保机构积极落实政府产业政策，全市担保机构为"三农"企业开展融资担保业务的有40余家，其中有代表性的担保机构包括浙江信林担保有限公司、杭州农信担保有限公司、浙江三农担保有限公司等；为高新技术产业开展融资性担保业务的有10余家，其中有代表性的包括杭州市高新担保有限公司、杭州高科技担保有限公司等。一般而言，担保机构为中小企业提供的贷款担保期限普遍集中在6个月至1年之间，担保期限较短，并且通过将资产抵押、质押，企业负责人连带责任担保、第三方企业连带责任担保等反担保方式组合运用，能够较为有效地控制风险。但是，由于中小企业经营活动存在较多不稳定因素，并且反担保措施不得力的情况时有发生，中小企业融资担保业务仍存在一定的风险。

## （二）票据承兑担保

票据承兑担保是债务人以外的第三人对票据承兑所发生的债务予以保证的行为。其目的在于通过第三人保证票据承兑，满足被保证人经营资金流动性的需要，提高资金利用率。担保范围是企业向银行申请开立汇票时，就票面金额扣除担保金后的差额部分进行担保。担保费按照担保金额与担保费率的乘积计算，担保费率根据担保项目的风险程度、担保期限、担保金额确定，一般为年 1%～3.5%。其盈利模式主要包括：一是通过转贴现票据，赚取差价，即持票人有流动资金需求，但未能及时从银行贴现或持票人所在地贴现率过高，持票人将该票据背书给担保机构，担保机构先行垫付贴现价格，然后到银行转贴现，赚取差价；二是提供信息服务，赚取服务费，即担保公司通过与各大银行建立合作关系或建立网络为票据买卖提供平台，为票据买卖双方提供有价值的信息，帮助企业迅速、低成本地获得流动资金，从中收取中介服务费。此类业务风险较低，担保信用质量较高。

## （三）工程履约担保

工程履约担保主要包括工程合同履约担保和工程招投标履约担保。工程合同履约担保是指担保公司向招标人出具履约保函，保证建设工程承包合同中规定的一切条款将在规定的日期内，以不超过双方议定的价格，按照约定的质量标准完成该项目。一旦承包商在施工过程中违约或因故无法完成合同，担保公司可以向该承包商提供资金或其他形式的资助以使其有能力完成合同；也可以安排由新的承包商来接替原承包商以完成该项目；还可以经过协商，业主重新开标，由中标的承包商来完成合同中的剩余部分，由此造成最后造价超出原合同造价的部分由保证担保人承担；如果对上述解决方案不能达成协议，则保证担保人在保额内赔付业主的损失。履约担保金额一般不得低于合同价款的 10%。若用经评审的最低投标价法中标的，履约担保金额不得低于合同价款的 15%。工程招投标履约担保是指担保公司在投标人投标之前，向招标人出具投标保函，保证中标人与招标人签订合同并提供招标人所要求的履约保函。如果中标人违约，则担保公司将在保额内赔付招标人的损失。投标保证担保可用于设计招投标、施工招投标、监理招投标、材料采购招投标等各种招投标活动。

此业务一般通过限制担保金额（不超过工程合同金额的 5%），要求客户为担保项目缴存相当于担保金额 10% 的保证金，要求客户提供第三方反担保，以收到发包方确认承包方已全部履行项目义务的书面文件的日期为担保责任解除日，加之建设部门对施工企业的监管与惩罚力度都比较大，承包商一旦违约可能会被吊销建筑资质，增加了企业的违约成本，敦促企业自觉按时履行合同义务。因此，工程履约担保的担保信用质量较高。

（四）贸易融资担保

贸易融资担保是银行在为企业提供国际贸易和国内贸易项下资金融通时所需要的担保。贸易融资担保主要分为出口信用证项下融资担保和进口信用证项下融资担保。出口贸易融资一般是指出口信用证项下押汇融资。押汇是我国最近几年出现的较新的一种交易担保方式，出口押汇是指企业（信用证受益人）在向银行提交信用证项下单据议付时，银行（议付行）根据企业的申请，凭企业提交的全套单证相符的单据作为质押（担保）进行审核，审核无误后，参照票面金额将款项垫付给企业，然后向开证行寄单索汇，并向企业收取押汇利息和银行费用并保留追索权的一种短期出口融资业务。在这种情况下，银行一般要求企业提供保证担保，担保公司的介入需要企业提供切实可行的反担保，即通过企业投保出口信用保险，由出口商、担保公司、保险公司三方签署赔款转让协议，其赔偿受益权转让给担保公司作为反担保，以此降低担保风险。我国银行在开展进口押汇业务时并没有统一的做法，各家银行的具体要求也不尽相同。例如，中国银行与进口商签订进口押汇总质押书，进口商还必须提供相应的担保；中国建设银行直接把进口押汇业务称作信托收据贷款，其具体做法是开证申请人向银行申请，提交信托收据，银行审核之后与进口商签订押汇合同，开证申请人同时必须提供担保；上海浦东发展银行的做法是把进口押汇分成不同种类，其中，担保押汇需开证申请人提供除进口仓单质押以外的担保方式，如抵押、质押、保证等。从各个银行的具体做法中可以看出，进口押汇业务中有的银行采用信托收据的方式，甚至个别银行直接称进口押汇为信托收据贷款，有的银行并没有采用信托收据的形式，而是采用进口押汇总质押书的形式。在采用信托收据形式的银行中，大部分都要求另外提供担保。担保公司的介入可以引入第三方监管，也可引入国内贸易信用保险等作为反担保。

（五）设备租赁贷款担保

该业务以客户购买的工程机械抵押为反担保措施，此类工程机械具有特殊性，一般而言，每一台机械设施都会安装 GPS 跟踪系统，担保机构的 GPS 监控平台能够随时观测到机械设施的使用情况和地理位置。加之担保机构与各机械设备销售商均签订了回购协议，如果客户无力赎回，则由设备销售商负责回购，通过机械的二手市场变现。有了回购协议的最终保障，担保代偿最终造成损失的可能性较小，使得设备租赁担保业务的信用质量较高。

## 三、担保机构的投资主体

杭州市担保机构的投资主体，除地方政府财政出资外，大多为当地国有（控股）企业或者知名民营企业投资设立，普遍具有广泛的关系渠道和较强的财务实力，为担保机构的发展尤其是初创时期的业务开展提供了有力支持。比如，市区的一家担保公司，在成立初期，大股东从集团总部为其抽调了具有丰富金融业经验的负责人和熟悉当地人脉的业务骨干，利用他们在当地企业界的影响力积极争取优质客户源，并和税务部门积极协调获得了税前提取准备金和免征所得税的优惠政策，从而赢得了良好的经营环境和业务、管理基础，使得该担保机构迅速发展成为当地的佼佼者。目前，担保机构的投资主体已涵盖政府、民营企业、境外投资者、自然人、国有控股企业、上市公司等多个主体，投资主体呈现多元化发展。据样本担保机构统计，94 家样本担保机构中全部民营资本出资的有 71 家，占总数的 75.53%；全部国有资本出资的有 8 家，占 8.51%；以国有资本为主出资的有 10 家，占 10.64%；以民营资本为主出资的有 5 家，占 5.52%。担保行业基本形成了民营资本出资为主，国有、民营优势互补的局面。这主要得益于杭州市发达的民营经济和雄厚的民间资本。随着民营经济快速发展，民间资金将成为担保机构的主要资金来源，在某些大型国有控股或参股担保机构中，还出现了国有资本逐步撤出、民营资本逐步进入的趋势。可以预计，随着担保行业市场需求的增加、市场发展的逐步完善以及金融环境的改善，注入担保行业的民营资本将进一步增加（见表 3-4）。

表3-4　　　　　　杭州市样本担保机构控股类型　　　　单位：家，%

| 控股类型 | 国有独资 | 国有控股 | 国有参股 | 全民营 |
|---|---|---|---|---|
| 数量 | 8 | 10 | 5 | 71 |
| 占比 | 8.51 | 10.64 | 5.32 | 75.53 |

在各类担保公司中，不同投资主体的投资理念并不相同。国有资本一般追求保值增值以及社会效益，要求担保机构稳健经营，注重政策性和担保业务的社会效益；民营资本则追求产业协同和利益最大化，往往要求担保机构快速扩张，进行关联担保和资金转移，注重担保业务的经济效益。因此，出现了担保机构运营机制和经营战略的多样化，形成了不同的经营风格和发展模式。对国有资本介入的担保机构而言，在经营过程中往往坚持以服务中小微企业、促进地区经济发展为目标，将服务放在首位，对资金回报无明确要求，注重的是社会效益，一般不要求企业缴存保证金，担保收费相对较低；而对民营出资的担保机构来说，往往要求担保业务市场化运作，注重资本的盈利性和风险控制，期望低资本运作担保业务，会将协作银行要求其缴存的保证金转嫁给企业，以满足民营资本的收益要求。另外，投资主体由于自身的角色定位，对担保机构的经营管理、业务开展和财务运作等会进行或多或少的干预，表现为国有控股的担保机构大股东对担保业务选择存在一定干预，对资本金的使用干涉较少，而民营资本控股的担保机构，大股东对资本金的运作存在较多的干预。

（一）国有控股参股担保机构类型[①]

1. 风向标型担保机构

此类担保机构因政府的政策引导而成立，资本金规模比较大，在当地担保行业中具有较大的影响力，往往是当地财政部门重点关注和扶持的对象，容易获得协作银行的认可。因此，这类担保机构除了开展担保业务，解决中小企业融资问题以外，还会被赋予更多的政策性职能。比如，受政府政策的影响，为当地科技型中小企业进行融资担保，为当地失业人员提

<hr>

① 参见联合资信评估有限公司：《2006—2007年江苏省信用担保行业发展报告》，2007年4月。

供小额贷款担保等。杭州市中小企业担保有限公司、杭州高科技担保有限公司等属于此类型的担保机构。该类担保机构拥有比较充足的资金实力，具有比较规范的运营机制和风险防范机制，已成为各区、县（市）担保行业中政策推崇的典型模式。

2. 区、县（市）的政策性担保机构

此类担保机构往往由各区、县（市）政府在各自担保基金的基础上，适当吸引社会资金组建。其经营历史相对较长，高级管理人员大都由当地中小企业主管部门人员兼任。因为具有政府的背景，也较易得到协作银行的认可。该类担保机构为解决各区、县（市）内中小企业融资问题发挥了较大的作用，有力推动了地方经济的发展。例如，杭州市西湖区中小企业信用担保中心、杭州萧山中小企业信用担保股份有限公司、建德市新合作农信担保有限公司、富阳市阳光担保有限公司、淳安县银蚕担保有限公司等均属此类担保机构。

3. 行业扶持型政策性担保机构

此类担保机构的成立目的和经营模式具有明显的针对性，由该行业的管理部门统一筹措担保基金，专门解决管辖范围内企业（主要为国有性质的企业）的融资问题，担保范围较小，具有系统内信息沟通便捷的优势，能够较好地控制担保业务风险。担保机构与企业之间具有一荣俱荣、一损俱损的联系，彼此间信任程度也较高，担保风险主要来自于行业系统性风险。例如，浙江信林担保有限公司就属于此类担保机构，它立足于农林产业，不断创新业务服务农林产业，推动林权交易和林权抵押贷款、林业碳汇交易、大宗农林产品现货电子交易等多项担保业务的发展。

（二）民营担保机构类型[①]

1. 新兴民营担保机构

此类担保机构往往由有一定实力的民营企业、金融业高管投资组建，高管人员大多具有丰富的金融系统工作经验和一定的风险控制能力，在担保业务上相对规范稳健，市场化程度较高。但是，由于自身利益的驱使，这类机构往往会积极运作资本，担保业务所用资金多为其要求企业存入的

---

① 参见联合资信评估有限公司：《2006—2007 年江苏省信用担保行业发展报告》，2007 年 4 月。

保证金。也存在一些担保机构的资本金被大股东及关联企业长期占用，个别担保机构的资本金投向高风险项目以获取高收益的现象。

2. 互保互助性担保机构

此类担保机构往往由多个民营企业自发成立，共同出资，以解决成员企业自身的融资困难为目的。通过多个企业的信用叠加，增强民营企业的资信，以便获得协作银行的认可。此类担保机构的担保对象仅为担保机构的内部成员企业，具有良好的准入和退出机制，要求民营企业加入时满足一定的担保准入或限制条件，既保证担保机构内部成员都能享有担保融资的权利，又能够保证担保资本金的安全。

3. 业务拓展型担保机构

除了贷款担保以外，有些担保机构将担保业务开拓到设备租赁担保、工程履约担保、仓单质押担保等新兴的担保业务，甚至于拍卖或者物资贸易等担保衍生业务也出现在一些担保机构中。例如，杭州市中小企业担保有限公司是杭州市政府为扶持中小企业发展、解决中小企业融资难问题而组建的一家政策性担保机构，主要为各类中小企业提供融资贷款担保、工程保函及合同履约担保等各类担保业务。公司自运营以来，紧紧围绕"立足本地，服务需求，为中小企业量身定制其需要的金融服务"的宗旨，在业务模式、业务产品和服务上力求务实创新。首先，通过研究企业特点，探索分期等额还款业务、流动资金加订单贷业务、多种新型反担保措施等新型业务模式；其次，"服务创新"挖掘担保内涵，"投保联动"提升服务价值；最后，发挥平台优势，组建"风险池"，承担政府项目，助推大学生创业等。可见杭州市担保行业正在向更加完整化、多元化的方向发展。

## 第三节 担保机构公司治理与人力资源

### 一、担保机构公司治理

#### （一）法人治理结构

目前，杭州市绝大多数担保机构采用公司制这一组织形式，建立了股东会、董事会、监事会及高级管理层等组织架构，形成了较为有效的内部管理机制。虽然部分担保机构由于公司规模较小，从业人员不多，仅设有股东会、董事会、监事会等组织，管理基础较薄弱，在内部管理方面仍然存在一些不够完善的地方，但这种公司制治理结构的建立，为担保机构的进一步规范提升创造了良好条件。由于各担保机构的业务规模、市场定位、业务种类等方面存在着较大的差异，各担保公司的法人治理情况参差不齐。规模较大的担保公司，其组织架构比较健全，股东会、董事会、监事会责权明确、相互制约、协调运转。完善的法人治理结构、清晰的股权结构、科学的管理流程，以及雄厚的资本实力使得规模较大的担保公司具有良好的风险控制能力。部分规模较小的担保公司只设有股东会，未设董事会、监事会，主要由担保公司高管履行管理职责，为担保机构发展、规范经营、防范风险尽心尽责，积极工作，总体情况较好。当然，也有一些担保公司虽然建立了法人治理结构，但还存在许多需要完善的地方，比如存在董事会、监事会及高级管理层人员交叉任职情况，权责不清，对《公司法》和《担保公司公司治理指引》的理解不全面、不系统，致使公司《章程》这一公司治理与经营的基础性"大法"内容不规范；不少担保机构欠缺相应任职资格与条件的董事会、监事会及高级管理层人员。

（二）组织架构与公司管理

杭州市绝大多数担保机构有相对完善的公司组织架构，在董事会领导下，设立董事长办公室、总经理室、业务总监室、公司业务部、个人业务部、风险控制部、财务部、行政与信息管理部、人力资源部、法务与合同部等多个职能部门。根据担保业务开展的需要，各部门职责分工比较明确。

在制度建设上，担保公司各自制定了一系列内部规章制度，在担保业务开展、操作规程、风险控制、财务管理及员工管理等方面做了严格详细的规定，并在实践中不断总结风险控制和业务拓展等方面的经验，运营管理体系日益完善，管理能力不断提高。在管理方法上，有的担保机构非常注重信息化建设，如浙江金桥担保有限公司自2000年先后推出因特网网站、FRP－OA办公系统，并不断进行完善；2008年引进奇力咨询机构为公司规范化管理的合作伙伴，完善了公司业务流程、岗位职责、电子化办公；2009 年与深圳泰丰科技合作开发担保业务管理系统软件，并于 2010 年运行，使担保业务操作实现智能式自动化办公。此外，公司通过 ISO9000 质量管理体系认证，内控制度得到进一步规范、落实。该公司还建立了灵活、科学、制衡的经营管理机制，包括绩效考核制度、学习培训制度、竞争上岗制度、述职报告制度及监事定期稽核制度，全面保障了经营管理的顺利开展。合理的公司岗位设置、健全的管理制度，保障了公司各项工作有序、高效、协调开展。

## 二、担保机构人力资源

据杭州市担保行业协会统计，截至 2012 年末，全市担保机构从业人员约 2 050 人，按照 132 家担保机构测算，平均每家担保机构从业人员为 15 人左右，从业人员普遍较少。从 2012 年末的 94 家样本担保机构来看，担保机构的从业人员在 3—107 人之间，其中，浙江裕沣担保有限公司的员工人数最多，为 107 人，它是一家主要从事流动资金贷款担保和汽车消费按揭担保业务的民营商业性担保机构。比较各区、县（市）担保机构的从业人员的规模发现，市区担保机构从业人员规模远远超过其他区、县（市）。

担保业是一个高度专业化的行业，不仅要求从业人员熟悉每个环节的运作流程，还需要具备金融、法律和财务等专业知识。为了提高担保从业人员的整体素质，2007 年 11 月，浙江省信用担保协会发布了《浙江省信用担保行业从业资格认证暂行办法》，通过考前培训、考试认证、考后继续教育等方式，提高担保行业从业人员素质。自 2008 年 5 月以来，担保从业人员认证考试等各项考试流程和安排已经相对完善。大多数担保机构定期组织业务培训，以提高从业人员的道德素质、业务素质。截至 2012 年末，全市已有 1 838 人通过认证考试获得了浙江省信用担保协会颁发的担保行业从业资格证书。就杭州市目前的情况来看，很多担保机构的管理及从业人员主要来自于政府机关、企事业单位等非银行机构，整体专业素质相对较差，人员参差不齐，普遍存在着经济、金融、财务和法律等方面专业人员欠缺，风险管理经验缺乏，专业水平有待提升等问题。担保机构内部缺乏完整的管理和培训机制，从业人员业务知识更新缓慢，跟不上担保业务快速发展的需求，尤其在一些中小型民营担保机构，人员素质问题较为突出。这些都限制了担保机构的进一步发展，担保机构的人力资源质量有待提升。调查中发现，近年来新成立的担保机构中，具有金融工作经验的人员比例明显上升，担保机构已经逐步意识到从业人员的金融专业知识对于担保机构的重要作用。

# 第四章 杭州市担保业经营管理与风险控制

## 第一节 担保机构经营管理

### 一、经营策略

通过对参评的样本担保公司调研发现，大多数担保机构都有各自的服务宗旨、经营理念、目标定位和核心价值观。例如，有的担保公司提出秉承"立信百年、诚信经营"宗旨，致力于探索与创新中小企业融资服务产品，为客户提供最佳融资方案和最完善的配套服务；有的担保公司提出以扶持初创期科技型中小企业为宗旨，以低费率标准为中小企业提供融资担保服务；有的担保公司提出遵循"守法律、讲诚信、走正道"的经营理念，建立和完善具有中小企业特点的担保运行体系；有的担保公司定位为"服务成长型小企业的综合化金融服务公司"，本着"责任、坦诚、共好"的核心价值，致力于成为值得信赖且具合作价值的综合金融服务企业；有的担保公司坚持"服务农业企业，缓解企业融资难"的经营宗旨，以"架构农业企业与银行、企业与企业之间的合作桥梁，构筑三位一体的合作平台"为经营理念，以"安全第一、服务第二、盈利第三"为原则，开拓进取，稳健运作等。由此，杭州市担保机构的经营理念可以归纳为：按照政府引导、企业化管理、市场化运作的原则，有效整合政府、银行、风险投资公司、中小企业、中介服务机构等多方面资源，为中小企业提供信用服务。全市担保机构都能不断总结与完善适合自身发展的经营管理方式，努力打造具有地方特色、拥有自主创新的担保品牌，积极探索一条可持续发展道路。

在业务类型上,积极推进中小企业融资担保模式创新。例如,有的担保公司创立了桥隧模式与路衢模式,在经营理念上颠覆了传统担保模式,做到在经营风险的同时经营价值,让资源得到更为有效的整合配置,为客户提供更佳的融资方案与配套服务;有的担保公司在立足传统银行信贷产品担保的同时,积极开展工程履约担保、诉讼保全担保、经济合同履约担保、集合债担保等多种业务,以实现业务多元化,分散经营风险;有的担保公司积极探索租赁担保、经济合同担保、外贸业务担保及票据担保等业务,推出"抵押百分百"、"中小企业联保担保"等新品种,与银行、风险投资公司合作建立中小企业融资平台,为中小企业融资拓展了新的渠道;有的担保公司探索科技担保新业务,积极创新科技金融发展新模式,在推动高新技术企业直接融资、拓宽科技企业间接融资渠道等方面做试点,为杭州地区科技型中小企业争取各项贷款扶持政策。担保业务的不断创新,不仅为中小企业提供了不同的融资担保方式,而且提升了担保行业的社会形象,推动了担保机构的快速发展,实现了中小企业、银行、担保公司等多方共赢。

在业务区域上,全市担保机构一般立足区、县(市),为当地中小企业融资提供信用服务。随着担保机构资金实力的增强,担保业务范围也在不断拓展。比如,市区的担保机构将业务范围从市区扩展到各县(市),也有区、县(市)的担保机构将其业务范围从本地扩展到其他县(市),甚至于全省范围。例如,余杭区有一家担保公司,将"立足余杭,辐射周边"作为未来三年发展目标,力争成为杭嘉湖地区担保机构。伴随着担保机构的不断壮大,担保业务创新的不断推进,担保机构跨区域经营将是一种趋势。

在风险控制上,全市担保公司能够积极应对金融危机带来的不利影响,加强对国内外经济金融形势的研判,不断完善风险管理制度,提高风险防范意识,积极探索风险管理新思路、新办法,在大力扶持中小企业发展的同时降低担保风险,保障担保资金安全。有的担保公司贯彻"从战略上规避和转移风险,从制度上分散和消除风险,在操作中严格控制风险,在代偿发生后采取强有力追回措施"的经营方针;有的担保公司本着"从源头规避风险,在制度上制约风险,在实际操作中控制风险"的经营宗旨，层层把关；有的担保公司加大保后检查的深度和频度，并采取"联保"、"分保"等多种业务创新进行风险转嫁，全方位保障担保项目的安全。

## 二、担保机构业务合作

### （一）与银行合作

近年来，受宏观经济环境的不利影响，中小企业融资难度加大。杭州市担保机构积极与银行合作，充分发挥为中小企业融资增信作用，融资性担保贷款业务保持较快的增长。根据杭州市担保行业协会提供的数据，截至 2012 年末，全市担保机构共与 497 家银行建立合作关系，其中政策性银行及邮储银行 30 家，国有商业银行 81 家，股份制商业银行 161 家，城市商业银行及城市信用合作社 65 家，农村商业银行及农村合作金融机构 77 家，其他金融机构 83 家。截至 2013 年末，全市担保机构共与 555 家银行建立合作关系，其中政策性银行及邮储银行 24 家，国有商业银行 103 家，股份制商业银行 184 家，城市商业银行及城市信用合作社 72 家，农村商业银行及农村合作金融机构 90 家，其他金融机构 82 家（见图 4－1）。

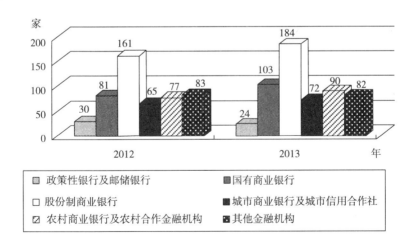

数据来源：杭州市担保协会。

**图 4－1 2012—2013 年末杭州市担保机构合作银行数量**

根据样本担保机构调研发现，担保机构十分重视与当地银行以及外地新进驻银行建立良好的业务合作关系，并致力于银行与担保机构合作体系的不断完善，在担保合作范围、担保授信额度、单户企业担保金额、保证金缴纳、双方权利义务等方面做了明确规定。例如，杭州市区某担保公司与杭州银行科技支行、杭州联合农商银行、萧山农村合作银行、建设银行杭州高新支行、江苏银行、北京银行等 15 家银行签订合作协议，进行银担合作；又如，杭州市区某担保公司已与杭州银行、交通银行、农业发展银行、建设银行、工商银行、国家开发银行、上海银行等多家金融机构建立了长期战略性合作关系，担保公司利用自身的政府背景、资本实力，充分发挥担保增信作用。担保公司与杭州银行、交通银行的合作协议中规定了代偿比例，担保公司承担保证范围 70% 的代偿责任，确立了利润共享、风险分担的合作机制。

根据样本担保机构统计，94 家样本担保机构基本上与银行签订了银担合作协议，协议中要求担保机构在银行存入一定的保证金（担保金额 10%～20%），并明确规定了担保放大倍数。在萧山、余杭等地，银行和担保机构合作时间相对较长，双方约定的放大倍数相对较高，银行对于保证金的要求相对宽松，只需在银行存入一定量的存款即可。从实际业务规模来看，萧山和余杭等地担保机构业务规模、放大倍数名列杭州市七区、县（市）的前茅。例如，萧山区某担保公司与萧山农村合作银行签订合作协议，规定在合作期内担保公司在萧山农村合作银行所辖分支机构的担保总余额不得超过存入保证金余额的 8 倍，对股东会员担保的贷款余额不得超过股东出资额的 5 倍，对反担保能力较强的会员企业可适当放宽至 8 倍，为非股东会员担保的贷款余额不得超过该会员所认缴风险保证金的 3 倍，单户最高贷款担保余额不超过注册资本的 50%，担保业务风险形成后的最终损失，按公司承担 70%、银行承担 30% 的比例分摊等。

担保机构在与银行等金融机构合作过程中，一方面，通过与合作银行密切协作，及时交换和通报被担保企业的有关信息，加强对被担保企业的监督，共同维护双方的权益；另一方面，通过对协作银行的走访了解到，合作银行对银担合作的成果和良好关系表示满意，认为担保公司从业人员风险意识强，在实地调查及个人信用方面，某种程度上比银行调查更细致、严谨。因此，担保公司通过加强与当地银行的联系，积极开拓创新业务，同时加强对受保企业的监管，对担保业务实施更为灵活的服务与管理，实现担保机构的可持续发展。

（二）与政府合作

担保业的发展离不开地方政府的扶持。为了解决中小企业融资难的困境，浙江省政府、杭州市政府纷纷出台有关政府引导扶持担保机构开展担保业务和各类融资平台建设的政策，担保机构与地方政府的合作不断深化，浙江省中小企业融资平台、杭州市高科技企业信用贷款风险池和杭州市信用担保联盟（杭州市再担保中心）等项目的建设就是担保机构与政府合作的成果。

近年来，在杭州市政府统一部署下，杭州市科技局、市财政局提出了联合天使担保，即由担保公司建立高科技企业信用贷款风险池基金，政策性担保公司、各区、县（市）科技局、银行按照4:4:2的比例向风险池注入资金，采取风险共担机制，通过担保形成杠杆效应，提高了科技担保专项资金的使用效率。有的担保公司通过与杭州市委宣传部、西湖区政府、湖州市政府等地方政府的合作，已成功发行了"平湖秋月"、"宝石流霞"、"创智Ⅰ号"、"太湖之星"、"三潭印月Ⅰ期"等多个融资担保项目；有的担保公司受市政府委托，与建设银行、阿里巴巴公司共建网络银行风险池（各方出资2 000万元，共计6 000万元），用于弥补杭州地区网络银行业务可能的信贷损失，为网络银行在杭州地区的业务发展和缓解全市中小企业融资问题奠定了基础。

在杭州市政府的支持下，由12家担保公司、12家在杭银行共同组建了杭州市信用担保联盟。该联盟的成立，为担保公司参加再担保的担保业务风险增加了一道防御墙。此外，杭州市担保机构还积极参与浙江省中小企业融资平台建设。例如，市区某担保公司作为浙江省中小企业成长贷款融资平台的成员单位，一直保持着与政府引导的中小企业专业融资平台的合作关系，通过向该平台推荐业务合作过程中成长起来的优质客户，帮助企业获取更为优惠的融资成本，切实扶持企业发展。2009年，在该公司的推荐下，杭州新锐信息技术有限公司、浙江赞宇科技股份有限公司获得了国家开发银行和杭州银行的信贷支持。

### （三）其他合作

有的担保机构在与银行、政府开展传统业务合作的基础上，针对中小企业特别是科技型、文化创意型中小企业存在无形资产流动性弱、品牌价值难以评估、抵押实物不足、银行融资难等问题，推出了国内首创的中小企业信托集合债——路衢模式。信托集合债产品的实质是信托贷款，运作模式是由信托公司发起信托计划，由政府引导资金、社会理财资金、专业机构资金共同认购，由担保公司担保，将募集资金通过银行发放给经筛选的优质小企业。

# 第二节　担保机构内部控制

## 一、建立内部控制制度

经过十余年的发展，杭州市担保业务运行模式和业务操作规范已基本建立，并趋于成熟。各担保机构基本上都有比较完备的内部控制制度，定期对从业人员进行风险防控的业务培训，提高风险防范意识；建立了分级授权管理制度，根据担保单笔数额设置审批权限，设立合理健全的组织架构；制定了基本完整的内部管理、业务管理、风险管理、部门岗位分离制度，比如《担保风险管理制度》《担保业务调查报告制度》《担保业务审批评审制度》《信用宣传制度》《紧急事件报告制度》《信用等级评定及客户分类办法》《担保项目保后管理办法》《担保业务损失责任承担分配管理办法》《评审委员会管理制度》《财务管理办法》《职工管理办法》《岗位责任制度》《绩效考核办法》等。在风险防范方面比较注重保前调查、保中审查、保后管理及追偿制度。部分担保机构还专门设立风险预警制度、保前约见受保企业洽谈制度及反担保物的资产处理办法。

## 二、制定担保业务操作规程

杭州市担保机构根据担保业务的风险特征，纷纷制定了《贷款担保业务操作规程》《担保业务流程及要点》等业务操作规程，对担保机构从事担保业务的操作原则和操作程序做了明确详细的规定。比如，杭州市某担保公司制定了融资性担保业务流程。

（一）受理初审

申请贷款担保的企业需要符合国家产业政策或属于杭州市鼓励发展的科技型创业企业，成长性好，市场潜力大，企业管理水平较高，高层管理者无不良信用记录，有连续的盈利能力和偿债能力，能够提供符合要求的反担保条件和符合贷款银行贷款的条件。

提出书面贷款担保申请报告，并提交包括企业概况，技术、产品、市场、财务状况，资金需求计划，贷款偿还计划及反担保措施等信息的贷款担保说明材料，由项目经理完成申请资格形式审查，判断申请人是否明显不具备申请条件，在做好材料收集准备工作并填写立项报告后，转入调查评估程序。

（二）调查评估

调查评估由项目经理负责开展，合理借助贷款银行的贷前调查，根据项目情况对影响贷款担保决策的重大因素作尽可能全面的调查，主要包括企业的发展历史，信用状况、财务管理、资产负债、或有负债，高管人员诚信记录，借款企业经营情况，借款用途、还款能力的调查确认，反担保措施的调查和确认。借款人必须为本公司的担保提供保证、抵押、质押中的一种或几种方式的反担保，调查物权属、价值、法律要件是否齐全等。

以上阶段工作完成后，由项目经理牵头撰写贷款担保说明书，提出具体评估意见，向总经理汇报项目情况。对于倾向于贷款担保的项目，总经理指定公司复核人以及贷款银行等中介机构介入调查审核，并将调查审核意见上报总经理。总经理召集相关人员开会对项目进行专题讨论，审议批准后，由项目经理负责落实反担保措施，并按规定填写业务通知联系单，报总经理审核后签发，会同公司财务部门落实资金准备等工作。

（三）办理承保

公司与贷款银行、借款人、反担保人签订一系列担保与反担保合同，办理相关法律公证。在专业律师审查后，与贷款银行签订《贷款担保合同》，与借款人签订《贷款担保与反担保协议》，由总经理签章生效。全套贷款担保业务文件由项目经理按《档案管理制度》规定交由公司办公室存档备查。

（四）保后检查

保后检查工作包括设立企业动态记录，主要连续记录企业经济及财务指标，检查借款是否按规定用途和计划使用的情况，检查用于反担保的抵押物和质押物状况，掌握借款人、反担保人的重大经营活动和变化，通过贷款银行了解借款人最新的信息。项目经理应按季度向总经理提交包括以上内容的担保检查书面工作报告。

### （五）法律救济

借款人在借款到期前明显违反有关借款、担保和反担保合同，出现可能危害担保安全的风险时，项目经理应及时向总经理报告，由总经理作出风险评价，对不同意展期的，银行在法律规定的期限内开始追索债券程序，会同律师，经董事会审议，报局管委会批准后实施，由银行利用专业力量处置反担保物，并要求争取杭州市民营科技企业信用再担保资金补偿，将损失降到最小。

在政府主管部门和行业协会的指导下，通过借鉴同行的做法，大多数担保机构建立起相对齐全的内部控制制度，包括担保业务操作规程和客户筛选、项目评审、反担保及保后监管等业务风险管理办法，以及内部管理考核制度等必要内容。但是，大多数担保机构的业务制度体系雷同，且多框架性，针对性不强，可操作性有待提升。尽管大多数担保机构建立起相对齐全的业务制度，但由于人员限制以及中小企业财务信息大多不真实、信用存在瑕疵等特征，业务制度实际执行效果欠佳。大多担保机构在保前调查和保中审查阶段，以主要业务骨干的感性判断为主，并根据实际情况灵活把握各项制度规定的执行，进行适当变通。尽管这种做法更加贴切实际，但不利于担保业务的规范化管理和风险控制。实际操作中也存在一些不规范的现象，尤其是反担保措施的制定上，部分机构没有完全落到实处，容易产生风险隐患。此外，大多数担保机构均有贷后一周内回访、每季度现场访谈一次等类似的保后监管规定，但由于业务人员数量及成本的限制，基本没有执行到位，且保后调查报告大多简略，并不能真正揭示企业风险。

## 第三节　担保机构风险管理

### 一、担保机构面临的风险

目前，除了国家经济形势严峻的客观因素外，担保机构的风险因素还包括：一是由于受保中小企业普遍存在不规范、财务资料不健全、双方信息不对称的情况，加大了担保公司风险识别和防范的难度，特别是由于少数企业经营者的道德风险、企业之间互保和联保，更加剧了系统性风险出现的可能性；二是由于银行把风险转嫁给担保公司，国家、省、市关于银保风险共担、信息共享的要求并未真正落到实处，少数银行原先答应受保客户到期还贷继续给予放贷，结果过河拆桥，不再续贷，引发受保企业资金链断裂而导致担保机构风险；三是少数担保机构未能合规经营，风险防范措施不落实，部分从业人员素质不高而导致风险发生。

根据杭州市担保协会提供的 132 家担保机构的年报数据，截至 2013 年末，全市担保业未到期责任准备金为 28 117.05 万元，比年初 25 151.34 万元净增加 2 965.71 万元；担保赔偿准备金 43 942.72 万元，比年初 44 825.02 万元净减少 882.3 万元；一般风险准备金 6 875.3 万元，比年初的 5 928.9 万元净增加 946.4 万元；累计担保代偿额 79 078.15 万元，比年初 47 951.63 万元净增加 31 126.52 万元；累计担保代偿笔数年末为 5 210 笔，比年初 3 020 笔净增加 2 190 笔；累计担保损失额 23 486.57 万元，比年初 11 148.81 万元净增加 12 337.76 万元。由于整个国内经济形势严峻，企业生产经营下滑，担保机构为中小企业融资担保风险在不断释放，形势不容乐观。

（一）行业系统性风险

随着政府财政支持力度的加大，担保机构也拥有更多的资金来应对可能出现的风险。2008—2012 年，94 家样本担保机构拨备覆盖率在 100% 以下的机构数量总体呈减少趋势，拨备覆盖率在 100%～200%、200%～300% 之间的担保机构数量逐渐增加（见图 4-2）。截至 2012 年末，94 家样本担保机构累计提取两项风险准备金余额达到 6.02 亿元，担保责任拨备覆盖率[①]为 220%，而参与信用评级的全省 156 家担保机构累计提取担保赔偿准备与未到期责任准备金共 8.74 亿元，拨备覆盖率为 231%，全国融资性担保公司的拨备覆盖率为 280.3%。由此可见，杭州市担保责任拨

---

① 拨备覆盖率的计算公式为：拨备覆盖率＝担保准备金/担保代偿余额×100。其中，担保准备金为未到期责任准备、担保赔偿准备与一般风险准备等项的年末余额之和，担保代偿余额为担保业务代偿金额合计的年末数。

备覆盖率低于全省水平，在全省 12 个地市中排名第 9 位，更低于全国的水平（见图 4-3）。

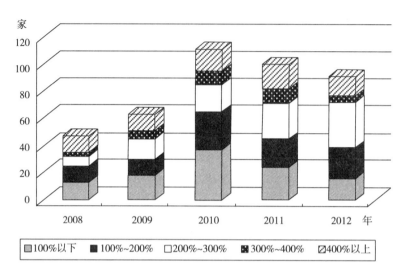

数据来源：浙江众诚资信评估有限公司。

**图 4-2 2008—2012 年末杭州市样本担保机构拨备覆盖率**

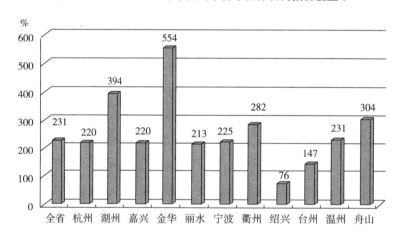

数据来源：浙江众诚资信评估有限公司。

**图 4-3 2012 年末浙江省样本担保机构拨备覆盖率**

**（二）担保赔偿准备金计提**

作为高风险行业，担保机构需按年末责任余额 1% 计提赔偿准备金。在目前担保公司盈利状况不佳的情况下，担保机构赔偿准备金提取存在较大的随意性，有的担保机构提取较少，有的担保机构干脆不计提。2008—2012 年，全市样本担保机构担保责任余额呈明显的上升趋势。截至 2012 年末，计提未到期责任准备金 25 929.48 亿元，较 2008 年的 9 563.30 万元增长了 171.14%；计提担保赔偿准备金 34 230.34 万元，较 2008 年增长了 24 234.79 万元（见图 4 - 4）。

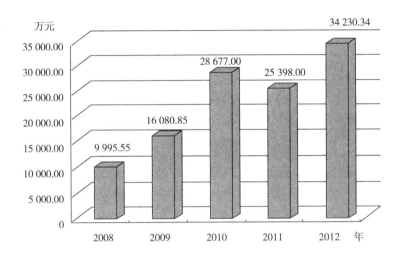

数据来源：浙江众诚资信评估有限公司。

**图 4 - 4　2008—2012 年杭州市样本担保机构计提担保赔偿准备金**

从计提比例来看，2008—2012 年，全市担保机构担保赔偿准备金计提比例基本达到要求，仅在 2011 年未达到要求，担保赔偿准备金仅为当年担保责任余额的 0.85%。截至 2012 年末，全市 94 家样本担保机构中有 91 家当年发生业务，但其中有 14 家未计提担保责任赔偿金，有 19 家担保赔偿准备金未达到 1%。担保机构的风险承受能力较弱，一旦发生较大数额的代为偿付，势必会涉及资本金，而资本金的减少反过来又将限制担保业务的总量，形成恶性循环（见图 4 -5）。

（三）代偿能力

按照财政部《中小企业融资担保机构风险管理暂行办法》（财金〔2001〕77 号）文件规定，担保机构担保责任余额一般不超过担保机构自身实收资本的 5 倍，最高不得超过 10 倍。根据对参评样本担保机构的调查发现，截至 2012 年末，除萧山、富阳以外，其他区、县（市）的担保

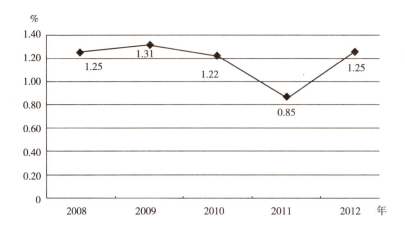

数据来源：浙江众诚资信评估有限公司。

图 4 – 5 　2008—2012 年杭州市样本担保机构担保赔偿准备金提取比例

责任余额都在担保机构注册资本的 5 倍以内，全市担保业务户均放大倍数为 4.29 倍，说明担保机构的担保业务开展得比较充分（见表 4 – 1）。

表 4 – 1 　2012 年杭州市各区、县（市）样本担保机构资本充足率指标

| 项目 | 市区 | 萧山 | 余杭 | 富阳 | 临安 | 桐庐 | 建德 | 淳安 | 全市平均 |
|---|---|---|---|---|---|---|---|---|---|
| 担保机构注册资本（万元） | 384 971 | 49 707 | 91 137 | 55 388 | 35 118 | 9 000 | 32 168 | 13 000 | — |
| 担保责任余额（万元） | 1 597 200 | 249 709 | 343 736 | 289 860 | 109 993 | 33 467 | 61 480 | 49 962 | — |
| 担保责任余额/注册资本 | 4.15 | 5.02 | 3.77 | 5.23 | 3.13 | 3.72 | 1.91 | 3.84 | — |
| 资本充足率（%） | 28.13 | 19.56 | 22.41 | 19.19 | 22.77 | 17.20 | 24.73 | 19.25 | 24.39 |
| 货币充足率（%） | 52.28 | 18.30 | 25.89 | 19.83 | 27.95 | 33.85 | 20.44 | 17.79 | 36.63 |
| 户均担保放大倍数（倍） | 4.52 | 5.85 | 4.36 | 5.22 | 2.97 | 3.38 | 1.73 | 3.71 | 4.29 |

数据来源：浙江众诚资信评估有限公司。

1. 资本充足率

资本金是担保机构的重要资金来源，也是其应对担保风险的重要屏障。根据对 94 家样本担保机构的调查发现，截至 2012 年末，全市担保机

构平均资本充足率为 24.39%，处于正常水平，具有较强的代偿能力。通过比较发现，市区担保机构的资本充足率最高，达到 28.13%；桐庐县担保机构的资本充足率较低，只有 17.20%，没有达到 20% 的要求。进一步分析发现，2009—2012 年，全市担保机构资本充足率大于 20% 的机构数量逐年下降，说明担保机构抵抗风险能力减弱。总体而言，全市担保机构的资本充足率基本上达到了 20% 的要求，说明担保机构具有较强的代偿能力（见图 4-6、图 4-7）。需要注意的是，如果出现大额应收代偿款的情况，对货币充足率指标还是会有一定的影响。

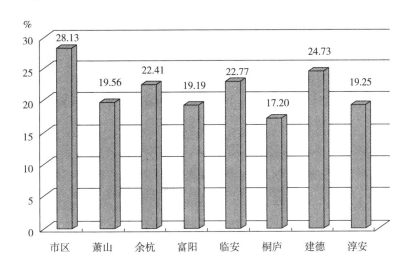

数据来源：浙江众诚资信评估有限公司。

**图 4-6 2012 年末杭州市样本担保机构资本充足率分布**

2. 货币充足率

担保机构的负债主要是存入保证金、计提的各项准备金以及客户往来款，其中存入保证金和计提的各项准备金占比较大，往来款金额分散，无集中偿还压力。为保证担保机构发生代偿后有足够的代偿资金，一般要求担保机构拥有 20% 以上的货币充足率。根据对参评样本担保机构的调查发现，截至 2012 年末，全市担保机构平均货币充足率为 36.63%，处于较高水平，具有较强的代偿能力。通过比较发现，市区担保机构的货币充足率最高，达到 52.28%；淳安县担保机构的货币充足率较低，只有 17.79%，没有达到 20% 的要求（见图 4-8）。总体来看，全市担保机构

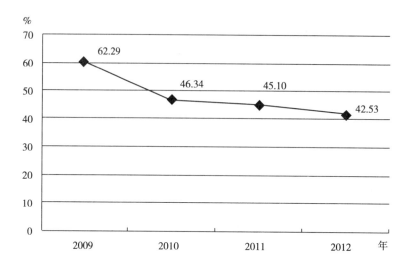

数据来源：浙江众诚资信评估有限公司。

**图4-7 2009—2012年杭州市资本充足率大于20％的样本担保机构占比**

业务发展平稳，担保资金来源充足，负债水平较低，资产流动性较好，货币资金充裕，代偿能力较强，能为担保业务的顺利开展提供较好的保障。

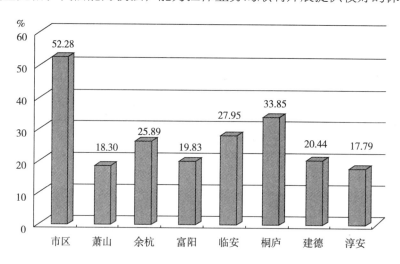

数据来源：浙江众诚资信评估有限公司。

**图4-8 2012年末杭州市样本担保机构货币充足率分布**

3. 代偿损失

近年来，尽管外部整体经营环境有所改善，但金融危机后续影响仍然存在，中小企业生产经营仍较为困难，致使担保行业面临的风险加大，担保公司代偿情况时有发生。2009—2012 年，发生代偿损失的担保机构数量呈上升趋势，根据参评的样本担保公司统计，截至 2012 年末，发生代偿损失的担保机构 17 家，较上年末增加 6 家；年末代偿余额为 3.34 亿元，较 2009 年增长了 277.25%；代偿损失额为 1.31 亿元，较上年增长了 319.13%（见图 4 - 9、图 4 - 10、图 4 - 11）。

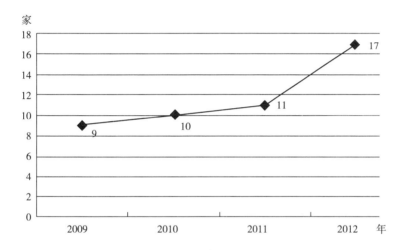

数据来源：浙江众诚资信评估有限公司。

**图 4 - 9 2009—2012 年杭州市样本担保机构发生代偿损失的机构数量**

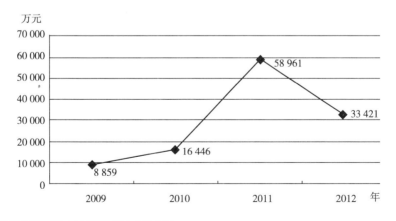

数据来源：浙江众诚资信评估有限公司。

**图 4 - 10 2009—2012 年杭州市样本担保机构年末代偿余额**

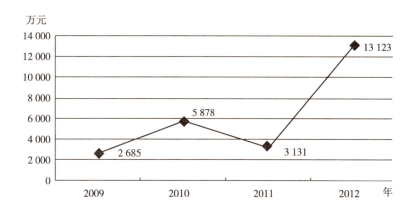

数据来源：浙江众诚资信评估有限公司。

**图4-11  2009—2012年杭州市样本担保机构代偿损失额**

分析担保机构代偿产生的原因，主要包括：一是随着经营时间延长，业务规模逐步扩大，在长期经营活动中无法避免被担保客户经营情况恶化，产生一定的代偿，此类代偿的发生属经营过程中的正常现象；二是在某些担保业务的选择上，个别担保机构受股东和关联企业、合作银行影响对个别不合格主体进行担保，或是出于政策性扶持目的承担担保业务，风险防范难度较大，容易发生代偿，且代偿发生后造成损失的可能性较大；三是个人类贷款担保业务，在保客户多，担保金额大，发生客户经济情况变差，无法及时归还银行贷款按揭，担保机构进行及时代偿的频率相对较高，不过一般都有房产或其他资产作抵押，实际发生损失的情况少。总体而言，全市担保机构的信用风险仍在可控范围内，但有一些融资性担保机构风险集中度过高或隐含关联交易，存在较大单体信用风险隐患；同时一些融资性担保机构代偿能力下降，存在较大单体流动性风险。

## 二、担保公司风险管理措施

众所周知，担保公司经营的是信用、管理的是风险，其所处的行业是一个高风险行业，因此，风险控制就成为担保公司经营成败的关键。杭州市担保机构在风险承担上建立了银保风险分担机制，在风险管控上建立了完善的风险控制机制，在放大比例上建立了较高的资本金放大机制。

（一）建立银保风险分担机制

由于银行在担保机构股东的选择上起到了关键性审核作用，其对担保机构的风险控制能力和被保企业的风险状况有了更为全面和深入的把握，这不仅有利于增进银保双方互信，也有利于银保双方良性、共生的金融合作关系的形成。对合作银行而言，在同等情况下一般更愿意选择资金规模大的担保机构合作，同时对担保机构人员的风险控制意识和能力也是考察的重点条件；对于担保机构、担保企业，大多数银行都会积极参与项目的前期调查，共同防范业务风险。值得注意的是，担保机构在和银行合作的过程中，基本处于弱势地位。目前，杭州市担保机构在担保风险的承担上与银行建立了风险分担机制，多数在 8∶2 与 9∶1 之间。如杭州高科技担保有限公司与其主要合作银行杭州银行科技支行的合作协议特别规定，按一般程序发放的贷款，担保业务风险形成后的最终损失在追偿结束后，按公司承担 80%、银行承担 20% 的比例分担责任。担保机构按风险共担的原则与银行建立合作关系，在与银行合作的过程中，公司与合作银行密切协作，及时交换和通报被保企业的有关信息，加强对被保企业的监督，共同维护双方的权益。

（二）建立完善的风险控制机制

为切实防范担保风险，杭州市担保机构根据股东即被担保人的特点，探索建立了对被担保人资产、运营、人品三位一体的风险防范机制。如对被担保企业全部资产采取评估确认价值、建立浮动抵押、反担保资产统一投保等措施；对被担保企业经营情况通过建立制度明确经营者责任、联手银行深入企业持续跟踪经营动态的手段，严格把控风险苗头；对经营者及其家人通过经常走访村委、推行股东背靠背互评等途径掌握法定代表人人品和有关信用信息等。这种三位一体的风险防范机制，有效降低了担保风险。

（三）建立较高的资本金放大机制

担保机构通常以乡镇、社区或行业协会为单位组建，充分融合了人缘、地缘、亲缘优势，其与生俱来的辈分压力、群众压力、同行压力有效降低了被担保企业的道德风险。在严格落实被担保企业反担保资产的基础上，进一步增加了银行对这一事先就已介入参与筛选的被担保企业的信任度。因此，在担保机构的资本金放大比例上，普遍建立了较高的资本金放大机制。目前，杭州市正常开展担保业务的担保机构资本金放大倍数一般在 2～6 倍，平均为 4.29，高于全行业平均水平。

# 第五章 杭州市担保业财务状况分析

## 第一节 担保机构资金来源与运用

杭州市各区、县（市）的经济发展水平存在差异，其担保机构的资产规模、业务量以及财务状况也存在较大的差异。下面根据94家样本担保机构2012年的财务报表和担保业务开展情况进行财务状况分析（见表5-1）。

表5-1 2012年杭州市各区、县（市）样本担保机构担保资金来源比较

单位：万元

| 项目 | 市区 | 萧山 | 余杭 | 富阳 | 临安 | 桐庐 | 建德 | 淳安 | 全市平均 |
|------|------|------|------|------|------|------|------|------|----------|
| 户均注册资本 | 8 749 | 7 101 | 7 929 | 5 035 | 5 017 | 3 000 | 4 595 | 3 250 | 7 197 |
| 户均未到期责任准备金 | 336 | 52 | 409 | 343 | 155 | 124 | 111 | 71 | 276 |
| 户均担保赔偿准备金 | 440 | 173 | 488 | 365 | 275 | 167 | 186 | 133 | 364 |

数据来源：浙江众诚资信评估有限公司。

### 一、担保资金来源

担保机构的资金来源主要包括注册资本、提取的准备金以及财政补贴。全市担保机构的注册资本基本到位，且大多计提了担保赔偿准备金及未到期责任准备金。注册资本和提取的准备金构成了担保资金的主要来源，各级政府的风险补偿以及财政补贴成为补充。

（一）注册资本

根据样本担保机构统计，截至2012年末，94家样本担保机构户均注册资本7 179.69万元，其中市区担保机构由于整体经济实力较强，户均

注册资本最大，达 8 749. 34 万元；其次为余杭区和萧山区，户均注册资本分别为 7 929. 29 万元和 7 101 万元。相对而言，桐庐县、淳安县担保机构的注册资本较少，如桐庐县担保机构户均注册资本只有 3 000 万元，在一定程度上影响了担保机构的抗风险能力（见图 5 - 1）。

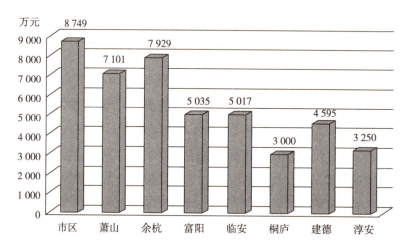

数据来源：浙江众诚资信评估有限公司。

**图 5 - 1  2012 年末杭州市各区、县（市）样本担保机构户均注册资本**

（二）风险准备金

根据样本担保机构统计，截至 2012 年末，94 家样本担保机构中，有 77 家计提了担保赔偿准备金 34 230. 34 万元，有 79 家计提了未到期责任准备金 25 929. 48 万元。按照地方政府政策规定，浙江省、杭州市级财政根据担保机构年末担保责任余额和准备金计提额给予一定的补助，随着这项措施的逐步落实，担保机构计提风险准备金的积极性提高了，并且也确实享受到了省、市财政给予的各种扶持政策。但是，一些担保机构的风险准备金的提取只作财务报表处理，以存于银行的保证金当做准备金，而没有进行真正的资金储备。出现这一情况的原因一方面是由于有的担保机构投资需求较大，另一方面也是因为提取的准备金并不能够在税前扣除，使得准备金的提取浮于形式。从绝对数额来看，由于担保业务规模的原因，市区、余杭、富阳三地户均风险准备金提取额分别为 440. 46 万元、488 万元、365. 18 万元，远高于其他区、县（市）（见图 5 - 2）。

从全市各区、县（市）户均未到期责任准备金来看，杭州市区、余

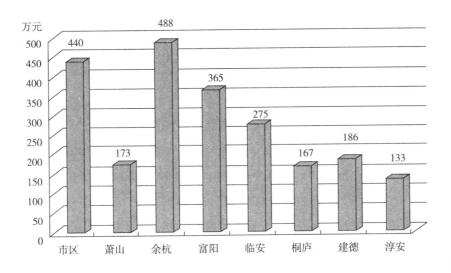

数据来源：浙江众诚资信评估有限公司。

**图 5 - 2　2012 年末杭州市各区、县（市）样本担保机构户均担保赔偿准备金**

杭、富阳三地户均未到期责任准备金分别为 335.92 万元、409 万元、342.64 万元，远高于其他区县（市）（见图 5 - 3）。

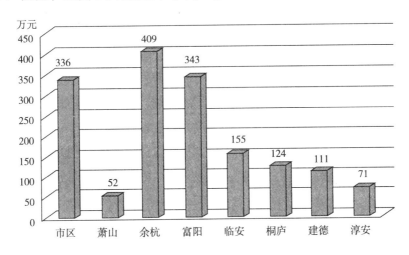

数据来源：浙江众诚资信评估有限公司。

**图 5 - 3　2012 年末杭州市各区、县（市）样本担保机构户均未到期责任准备金**

**（三）财政补贴**

为了分散担保机构的经营风险，完善担保风险补偿机制，鼓励担保机构做强做大，自 2006 年起，杭州市每年在市中小企业发展专项资金中安排一定资金，专用于对全市担保机构的风险补偿。

各级政府的风险补偿资金和财政补助资金已成为全市担保机构资金来源的重要补充。比如，2006 年杭州市财政安排补偿资金 1 500 万元，对符合条件的担保机构给予风险补偿。又如，2009 年国家工业和信息化部下达了国家中小企业信用担保业务补助资金项目计划，全市有 4 家担保公司获得国家无偿资助 910 万元，其中浙江中新力合担保有限公司 380 万元、浙江中财担保有限公司 190 万元、浙江华昌担保投资有限公司 190 万元、杭州市中小企业担保有限公司 150 万元。再如，2011 年杭州市财政向全市 33 家担保机构共计补偿 2 914.4 万元；2012 年杭州市财政再向 47 家担保机构支付风险补偿资金 4 521.8 万元（分别由市财政和各县、市、区财政各承担 50%），对获得杭州市先进担保机构一等奖、二等奖、三等奖的 30 家担保机构奖励 330 万元；另外，全市有 16 家担保机构获得浙江省财政风险补偿资金 330 万元。

## 二、担保资金运用及其流动性

杭州市样本担保机构资金运用情况如表 5 - 2 所示。

表 5 - 2 2012 年杭州市各区、县（市）样本担保机构担保资金运用比较

单位：万元，%

| 项目 | 市区 | 萧山 | 余杭 | 富阳 | 临安 | 桐庐 | 建德 | 淳安 | 全市平均 |
|---|---|---|---|---|---|---|---|---|---|
| 户均股东权益总额 | 8 702 | 7 406 | 7 427 | 5 584 | 5 726 | 3 297 | 4 869 | 3 660 | 7 197 |
| 户均货币资金 | 5 713 | 6 390 | 4 380 | 2 684 | 3 271 | 2 422 | 1 996 | 2 108 | 4 497 |
| 户均存出保证金 | 1 261 | 774 | 4 282 | 4 339 | 2 308 | 1 705 | 1 819 | 1 232 | 2 136 |
| 户均资产总额 | 10 411 | 8 558 | 9 401 | 8 476 | 7 517 | 4 350 | 6 376 | 4 099 | 8 950 |
| 权益比率 | 83.58 | 86.54 | 79.00 | 65.88 | 76.17 | 75.79 | 76.36 | 89.29 | 80.41 |
| 现金类资产比率 | 58.61 | 81.07 | 74.13 | 69.35 | 49.09 | 62.87 | 30.1 | 73.73 | 59.71 |
| 户均存入保证金 | 684 | 441 | 867 | 1 406 | 1 317 | 734 | 1 034 | — | 899 |
| 户均负债总额 | 1 709 | 1 152 | 1 974 | 2 892 | 1 791 | 1 053 | 1 507 | 439 | 1 753 |
| 存入保证金/负债总额 | 40.02 | 38.28 | 43.92 | 48.62 | 73.53 | 69.71 | 68.61 | — | 51.28 |
| 两项风险准备金/负债总额 | 45.41 | 19.53 | 45.44 | 24.48 | 24.01 | 27.64 | 19.71 | 46.47 | 36.51 |

数据来源：浙江众诚资信评估有限公司。

（一）权益比率

根据样本担保机构统计，截至 2012 年末，94 家样本担保机构平均权益比率为 80.41%，其中市区、萧山和淳安的户均权益比率达到 80% 以上，处于较高水平，反映了这三个区、县（市）主要靠自有资金进行担保业务活动，担保信誉较好，符合担保机构的业务和经营特征。相比较而言，富阳担保机构户均权益比率仅为 65.88%，较大程度上影响到担保机构的资金运用能力（见图 5 - 4）。

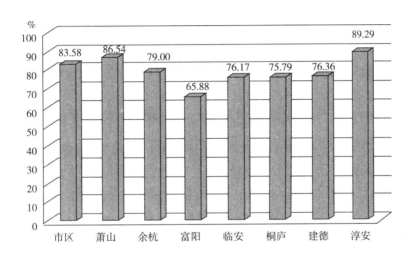

数据来源：浙江众诚资信评估有限公司。

**图 5 - 4　2012 年末杭州市各区、县（市）样本担保机构户均权益比率**

（二）现金类资产比率

根据样本担保机构统计，截至 2012 年末，94 家样本担保机构户均现金类资产比率为 59.71%，其中萧山、余杭和淳安的户均现金类资产比率达到 70% 以上，反映了这三个区、县（市）担保公司以货币资金和存出保证金等较易变现的资产为主，资产变现能力强，安全性较高，流动性较好。相比较而言，临安、建德的户均现金类资产比率均在 50% 以下，建德担保机构的户均现金类资产比率仅为 30.10%，较大程度上影响到担保机构的即期代偿能力（见图 5 - 5）。

（三）负债构成

根据样本担保机构统计，截至 2012 年末，94 家样本担保机构存入保

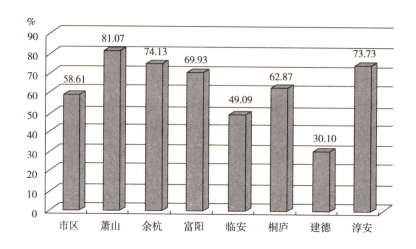

数据来源：浙江众诚资信评估有限公司。

**图 5 - 5　2012 年末杭州市各区、县（市）样本担保机构户均现金类资产比率**

证金占负债总额的比率为 51.28%。其中临安、桐庐和建德的占比超过或接近 70%，表明这些区、县（市）的实际债务压力较轻。相比较而言，市区、萧山、余杭担保机构存入保证金占负债总额的比率在 40% 左右，淳安的担保机构的存入保证金为 0，反映了担保机构存在较大的偿债压力（见图 5 - 6）。

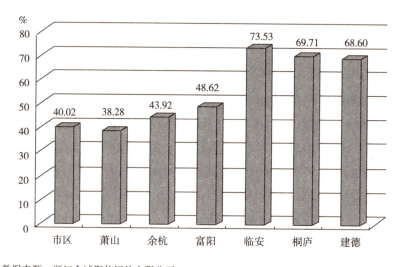

数据来源：浙江众诚资信评估有限公司。

**图 5 - 6　2012 年末杭州市各区、县（市）样本担保机构存入保证金占负债比率**

根据样本担保机构统计，截至 2012 年末，94 家样本担保机构的两项风险准备金占负债总额比率为 36.51%，其中市区、余杭和淳安的占比超过 40%，主要因为这三个地区的存入保证金提取比率较小。相比较而言，萧山、建德的两项风险准备金占负债总额比率均在 20% 以下，萧山担保机构的存入保证金加两项风险准备金占负债总额的比例仅为 57.81%，担保机构的实际偿债压力较大（见图 5 – 7）。

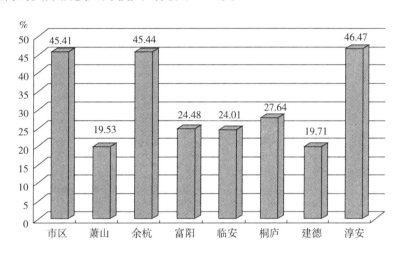

数据来源：浙江众诚资信评估有限公司。

**图 5 – 7　2012 年末杭州市各区、县（市）样本担保机构两项风险准备金占负债比率**

## 第二节　担保机构盈利能力

杭州市担保机构盈利能力如表 5 – 3 所示。

**表 5 – 3　2012 年杭州市各区、县（市）样本担保机构盈利状况比较**

单位：万元，%

| 项目 | 市区 | 萧山 | 余杭 | 富阳 | 临安 | 桐庐 | 建德 | 淳安 | 全市平均 |
|---|---|---|---|---|---|---|---|---|---|
| 2012 年户均担保业务收入 | 658.98 | 350.96 | 781.00 | 718.91 | 326.43 | 212.33 | 223.29 | 249.75 | 568 |
| 2012 年户均净利润 | 117 | 8 | 238 | 172 | 38 | 63 | 75 | 32 | 115 |
| 净资产收益率 | 0.10 | 0.11 | 1.49 | 3.23 | 1.02 | 2.47 | 1.54 | 0.74 | 0.91 |

数据来源：浙江众诚资信评估有限公司。

### 一、担保业务收入

从 94 家样本担保公司的担保业务收入来看，2012 年，市区的担保公司业务收入最高，达到28 995万元，远高于其他区、县（市）；桐庐、淳安的担保业务收入不到1 000万元，如桐庐的担保业务收入只有637万元。但是，从各区、县（市）担保公司户均业务收入来看，余杭、富阳的户均业务收入较高，分别为781万元、718.91万元，而市区的户均业务收入只有658.98万元，桐庐、淳安和建德的户均业务收入较低（见图5-8、图5-9）。

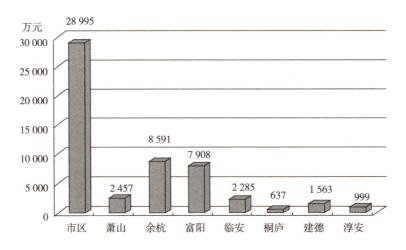

数据来源：浙江众诚资信评估有限公司。

**图5-8 2012年杭州市各区、县（市）样本担保公司的担保业务收入**

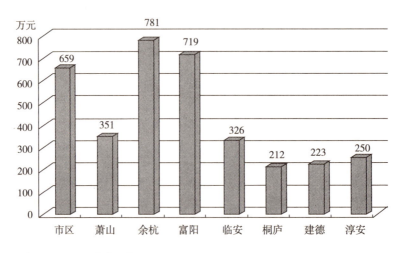

数据来源：浙江众诚资信评估有限公司。

**图5-9 2012年杭州市各区、县（市）样本担保公司的户均担保业务收入**

## 二、投资收益

担保机构除了担保业务收入以外，投资收入也是一项收入。根据样本担保机构统计，2012 年，94 家样本担保机构参与投资的只有 10 家，占 10.64%。这从一个侧面说明杭州市担保机构参与投资的积极性不高，不至于因为对外投资的增加缩减了担保业务上的资金规模，影响担保机构的安全性及流动性。从担保机构现有对外投资的情况来看，主要是短期投资，投资的种类涉及委托贷款、理财产品、国债投资等。例如，杭州市区一家注册资本为 12 000 万元的担保机构，投资国债 6 954 万元，占注册资本的 57.95%，占资产总额的 31.21%；另一家担保机构注册资本 20 000 万元，发放委托贷款 2 700 万元，占注册资本的 13.50%，占资产总额的 8.45%；萧山区一家注册资本为 20 000 万元的担保机构，投资理财产品 3 100 万元，占注册资本的 15.50%，占总资产的 14.90%。

从统计数据来看，目前，短期投资主要用于担保机构许可的国债投资、委托贷款和理财产品等，担保机构通过这些投资既推动了被投资企业发展，又可获得部分回报补充自身的资金，提高了担保资金的使用效率，不过为资本金安全性带来隐患。例如，部分担保公司从事银行转贷短期拆借业务，虽然短期收益率较高，但实质为无任何抵押的信用借款，在银行贷款审批不确定的情况下，拆借资金面临较大的损失风险。

## 三、净利润

从全国情况看，担保机构盈利能力普遍较低。根据样本担保机构统计，2012 年，全市担保公司平均净利润只有 115 万元，净资产收益率在 0.10%～3.23% 之间，平均净资产收益率为 0.91%，低于全国融资性担保公司 1.28% 的水平，整体盈利能力较弱（见图 5-10）。

从各区、县（市）盈利情况看，富阳市担保机构由于参与较多个人消费类贷款担保业务，依靠相对较高的放大倍数，取得了与资本金规模相比明显高于其他地区的担保业务收入，2012 年担保收入均值达到 718.91 万元；加之相对积极的投资运作带来了较高的投资收益，带动富阳担保机构年均净利润达到 172 万元，净资产收益率达到 3.23%，盈利能力高于其

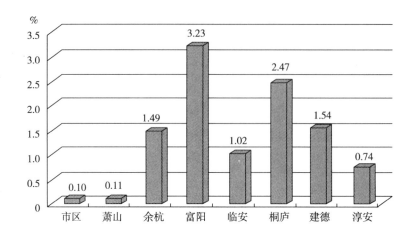

数据来源：浙江众诚资信评估有限公司。

**图 5 - 10  2012 年杭州市各区、县（市）样本担保公司户均净资产收益率**

他县（市）担保机构。市区担保机构的户均净资产收益率只有 0.10%，远远低于其他县（市）。对担保机构而言，保持适当的盈利是十分重要的，因为长期亏损必然会消耗现有资本，最终导致担保机构无法持续经营。

一般而言，担保公司的收入主要来源于担保费、资金业务收入、利息收入和其他投资收入等，而费用支出主要是人员费用、业务开展费用、日常运营费用和担保损失等。从担保实务来看，担保费率一般根据客户不同风险程度进行定价，如工商企业银行贷款的担保费率约为 3%，房地产企业为 4% ~5%，规模大、实力强、有较高资本市场主体评级的担保公司开展企业债券担保、保本基金担保，平均担保费率约为 3%。资金业务收入是指担保公司自有资金的投资收入，具体是指担保公司向有承受能力的客户发放委托贷款的收入，委托贷款的利率一般控制在基准利率的 4 倍以内，为 20% ~24%。利息收入是指担保公司需要计提未到期责任准备金（担保费收入的 50%）与担保赔偿准备金（担保余额的 1%）以及缴存合作银行准备金等资金的利息收入。其他投资收入是指一些担保公司进行股权投资或别的尝试所取得的收入，这部分的占比很小。费用和支出中人员工资和业绩提成一般占到担保公司成本的 70%；因为融资性担保公司 90% 以上的担保业务都是银行贷款担保，其他业务也多来源于银行贷款担保的客户，担保业务开展严重依赖于银行信贷部门，因此，业务开展费包括营销人员费用、与企业沟通费用、与业务相关的抵质押部门沟通费用等；日常运营费用包括房屋租金、水电办公等费用。

根据样本担保机构统计，全市担保机构的收入项目单一，主要依赖于担保费收入。一方面，由于担保机构众多，存在市场过度竞争现象，担保费率一般维持在 1.5% ~ 3% 之间，其中政策性担保机构按 1.5% ~ 2%、商业性担保机构按约 3% 收取。有的县（市）担保机构为了有效缓解小微企业融资贵难题，纷纷降低担保费率，比如，余杭区担保机构的担保费率从 2012 年的 2.01% 降低为 1.89%，在杭州市继续处于最低收费区域，尤其是政银保协作贷产品，较低的费率直接影响了担保机构的业务收入。另一方面，全市担保机构的担保放大倍数较低，远远低于国际上担保机构普遍 10 倍的放大倍数，直接影响担保机构的盈利水平[①]。

## 第三节　担保机构资产质量

### 一、担保组合资产

#### （一）业务类型

目前，全市担保机构主要开展贷款担保、票据承兑担保、工程履约担保、企业债券担保、集合债担保、信用证担保、诉讼保全担保等业务。在传统的担保基础上，全市担保机构不断探索创新担保新产品，比如抵押百分百、互助融、供应链、租赁贷等新型担保产品，为客户提供快速、高效的担保融资服务。根据杭州市担保协会提供的相关数据，2012 年，全市担保机构共为个人提供担保 12 994 笔，新增担保额 287 348.30 万元；为微型企业担保 6 164 笔，新增担保额 514 308.60 万元；为小型企业担保 8 455 笔，新增担保额 1 456 244.62 万元。2013 年，全市担保机构共为个人提供担保 35 085 笔，新增担保额 435 533.42 万元；为微型企业提供担

---

[①]　根据中国银监会通报，我国融资性担保行业整体担保费率维持在 1.9% 的较低水平。2012 年末全行业融资性担保放大倍数仅为 2.1 倍，与前两年末持平，大多数融资性担保机构无法通过经营担保业务实现盈利。

保 11 377 笔，新增担保额 71 782.01 万元；为小型企业担保 10 226 笔，新增担保额 1 739 155.05 万元（见图 5 – 11、图 5 – 12）。

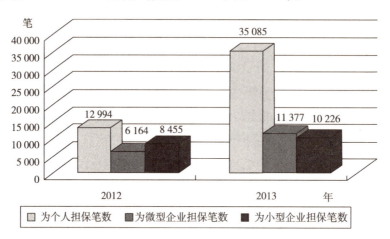

数据来源：杭州市担保协会。

**图 5 – 11　2012—2013 年杭州市担保公司为个人、小微企业提供担保笔数**

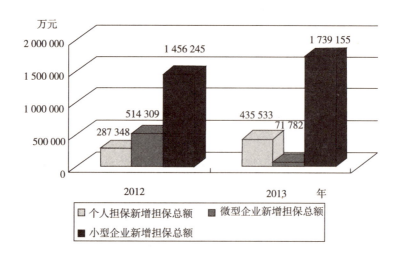

数据来源：杭州市担保协会。

**图 5 – 12　2012—2013 年杭州市担保机构为个人、小微企业提供担保额**

## （二）业务分布

根据样本担保机构统计，全市担保机构客户的行业特征明显。一些担保公司倾向将科技型、高增长型、制造型的企业作为担保扶持对象，主要为科技型中小企业提供融资担保，担保客户特点明显，行业相对集中在科技、电子、电缆、医药、食品等行业，以技术性较强、附加值较高的高新技术企业为主，符合国家产业政策导向和放贷政策，但行业分布相对集中；有的担保公司担保客户主要来自杭州本地，客户主要涉及信息技术、生物医药、商贸、制造、个体经营户等多个领域，重点扶持具有先进体制优势和职业化管理团队、具有先进经营理念和现代经营模式的中小成长型企业的发展；还有的互助性担保机构仅为股东企业提供担保业务，公司股东均为当地农业企业、农产品加工企业及种养殖大户，符合国家产业政策导向和放贷政策，有利于风险的分散。

总体而言，全市担保项目涉及的行业较广，包括信息技术、生物医药、软件网络、汽车销售、商品贸易、日用化工、机械设备、电子电缆、建筑业、市政工程、农业生产、农产品加工企业及种养殖大户等，行业分布比较均衡，行业集中度较低，达到了被担保企业结构多元化的目的，规避了被担保企业行业过度集中而带来的市场风险，有助于降低担保公司的经营风险。

### 二、客户集中度

客户集中度是指担保机构前几家最大客户的担保余额占总担保余额的比例。衡量担保机构是否遵循风险分散的原则经营担保业务，一般选取前五位最大客户进行分析评价。根据对杭州市样本担保机构的调研发现，全市大多数担保机构的客户集中度相对较低。例如，杭州市区一家担保公司，截至 2013 年 6 月末，公司前 5 位担保客户的担保额均未超出公司注册资本的 10%，担保总额合计 8 550 万元，占 2013 年 6 月末公司担保责任余额的 8.05%，担保集中度较低，且前 5 位担保客户均为当地高成长性科技企业，具备良好的投资、扶持特征，经济实力较强、经营情况稳定，反担保措施落实较到位。又如另一家担保公司，截至 2013 年 6 月末，公司现有最大的 5 位担保客户的担保总额为 12 759.4 万元，占担保责任余额的 6.34%，单户担保额均在公司净资产 10% 的比例内，担保期限全部为 12 个月；反担保措施在实物抵、质押不充足的情况下，采取了第三方企业信用担保、个人连带责任等方式，提高了债务保障。

当然，对94家样本担保机构的调研发现，也有一些担保机构的客户集中度偏高。例如，萧山的一家担保公司，截至2013年9月末，公司在保客户数44家，在保笔数134笔，在保责任余额35 395万元，平均每笔在保责任余额264.14万元，平均每户在保责任余额804.43万元；从公司现存担保额最大的前5位担保客户情况看，每户担保总额均超出公司注册资本的10%（721万元），但未超过与萧山农村合作银行协议中规定的注册资本的50%（3 605万元）；最大5户担保总额合计10 870万元，占担保责任余额的30.71%，担保集中度偏高；前5位担保客户均为公司主要股东，是当地农业龙头企业，声誉较好、经济实力强、经营情况稳定。公司选择担保客户较严格，所选客户基本上是区内行业龙头企业，因此选择客户相对集中，主要股东在股东大会中有较强的话语权，考虑到通过融资的低成本，因此均有多笔担保。公司对股东担保额明显偏高，反担保手续欠完善，保障力度不足。

### 三、担保金额分布

杭州市担保协会提供的数据显示，2013年，全市132家担保机构共为51 948户企业提供59 782笔担保，新增融资担保总额364.21亿元，期末在保户数66 599户，期末担保责任余额326.91亿元。按单笔担保规模划分，单笔担保金额在100万元（含）以下的有52 651笔，占担保总笔数的88.07%，新增担保额1 043 995.61万元，占新增担保总额的28.66%；担保金额在100万—300万元（含）的有4 835笔，占担保笔总数的8.10%，新增担保额986 095.06万元，占新增担保总额的27.07%；担保金额在300万—500万元（含）的有1 460笔，占担保总笔数的2.44%，新增担保额654 695.63万元，占新增担保总额的17.98%（见图5 – 13、图5 – 14）。

根据样本担保机构统计，大多数担保机构的担保金额较低，客户相对分散。例如，截至2013年6月末，杭州市区一家担保机构，在保281笔融资性担保业务，在保责任余额106 155万元，单笔平均在保额377.78万元，占公司注册资本的1.89%。其中单笔在100万元以下的有13笔，100万（含）—300万元的101笔，300万（含）—500万元的76笔，500万

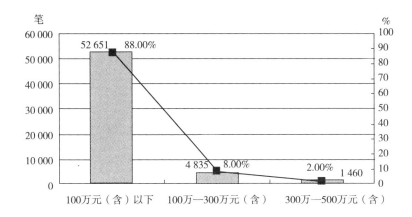

数据来源：杭州市担保协会。

**图 5 - 13　2013 年杭州市担保机构担保笔数分布**

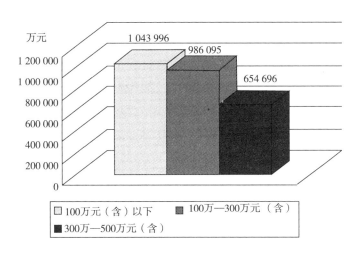

数据来源：杭州市担保协会。

**图 5 - 14　2013 年杭州市担保机构担保金额分布**

（含）—1 000 万元的 78 笔，1 000 万（含）—2 000 万元的 12 笔，2 000 万元有 1 笔。从数量上来看，单笔 100 万（含）—500 万元的担保金额是担保业务的主要组成部分，这与担保公司设立天使担保的初衷，即始终以扶持初创型科技型中小企业为宗旨是一致的。随着公司资本实力的不断增强，无论单笔担保金额还是平均在保额都有一定的提升。

## 四、担保期限分布

根据样本担保机构统计，大多数贷款担保期限为 1 年期，部分为 6 个月期。例如，萧山一家担保公司的担保业务集中于当地的花木种植企业及私营业务，从担保期限来看，均在 6 个月以上。截至 2012 年 9 月末，担保公司有 25 900 万元在保责任余额分布在 6—12 个月，占期末在保责任余额的 74.1%，主要是流动资金贷款担保，单笔担保金额 100 万—600 万元不等，大部分为 600 万元。另有 9 053 万元在保责任余额分布在 12 个月以上，占期末在保责任余额的 25.9%。总体来看，公司担保期限分布合理，风险可控。又如，截至 2013 年 6 月末，市区一家担保公司，在保 281 笔担保业务，其中有 115 笔在 3 个月内到期，担保金额 41 330 万元，占在保责任余额 38.93%；有 58 笔在 3—6 个月内到期，担保金额 22 945 万元，占在保责任余额 21.61%；有 105 笔 6—12 个月内到期，担保金额 40 730 万元，占在保责任余额 38.37%；有 3 笔业务在 12 个月以上到期，担保金额 1 150 万元，占在保责任余额 1.08%。担保期限组合正常。再如，截至 2013 年 9 月末，杭州市区另一家担保公司，在保 134 笔担保业务，其中有 56 笔业务在 3 个月内到期，担保金额 18 300 万元，占在保责任余额 51.85%；有 42 笔在 3—6 个月内到期，担保金额 9 055 万元，占在保责任余额 25.66%；有 34 笔在 6—12 个月内到期，担保金额 7 740 万元，占在保责任余额 21.93%；有 2 笔在 1 年以上到期，担保金额 200 万元，占在保责任余额 0.57%。担保期限分布较为均衡，1—3 个月内到期的业务占比相对较高，且到期分布时间比较集中。

# 第六章　杭州市担保业务创新模式

在十余年的担保实践中，杭州市担保行业锐意进取，不断创新，形成了一些独特的担保模式，并在全国同行业得到了广泛推广，取得了较好的成效。

## 第一节　互助担保模式

### 一、互助担保模式概述

东南亚金融危机之后，我国经济开始复苏，中小企业融资需求逐渐增加。银行业因东南亚金融危机影响，不良贷款居高不下，出现了畏贷与惜贷现象。为了解决中小企业融资难问题，杭州市萧山区政府结合当地中小企业众多、民营经济发达的特点，进行互助担保模式的尝试。1999 年 11月，杭州市萧山区义桥镇担保服务有限公司成立，标志着互助担保模式正式启动。该公司以镇街为单位发起设立，为辖区内中小企业融资提供增信服务[①]，为解决当地中小企业融资难发挥了重要作用，得到了社会各界的广泛认同。经过近 10 年的发展，在政府扶持、政策引导、多方参与和市场化运作的努力下，萧山区的互助担保机构初具规模。全区互助性担保机构已达 32 家，总注册资本 4.28 亿元，互助服务会员 579 家。互助性担保机构不仅为中小企业提供融资担保服务，而且通过规范管理、稳健运作和有序发展，显现出了较强的生命力。

---

① 参见梅金品：《杭州市中小企业信用担保体系建设中的政府行为研究》，浙江大学硕士学位论文，2011 年 12 月。

## （一）互助担保机构设立流程①

首先，由乡镇、街道企业管理部门，即镇街经济发展办公室（以下简称镇街经发办）召集辖区内符合产业政策导向、发展前景较好、资金短缺又缺乏资产抵押、经营管理者素质较好的中小企业，介绍拟组建担保公司的目的、意义和运作模式，邀请中小企业入股担保公司。有意向的企业提出入股申请以及入股金额以后，再次召开入股意向企业会议。

其次，镇街经发办根据中小企业申请入股的金额，会同协作银行对企业进行授信调查。双方根据调查结果，共同确定每家企业贷款额和担保额的最高额度，根据最高担保额确定最终入股金额，单户入股金额为最高担保贷款的20%，企业入股后成为会员企业。

再次，确定会员企业和总入股金额，由镇人民政府（街道办事处）向萧山区发展和改革局提出组建担保公司的申请，萧山区发展和改革局按照国家、浙江省和杭州市的相关政策进行审批。

最后，待萧山区发展和改革局批复同意后，由会计师事务所对会员企业的出资进行验证，出具验资证明，再向工商行政管理部门申请注册登记。

互助担保机构设立流程如图6-1所示。

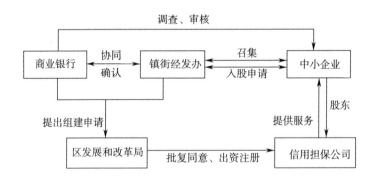

**图6-1 萧山互助担保机构设立流程图**

---

① 参见涂涛：《互助型担保机构的运作与实践——以浙江杭州萧山区互助担保模式为例》，http://doc.mbalib.com/view/92488613ee1a4937e9e8d3f21e36ca35.html，2010-07-12。

（二）互助担保机构的准入和退出机制

1. 准入机制

有融资需求的中小微企业提出入股互助担保机构的申请，担保机构进行资格审查，并会同协作银行进行授信调查通过后，才能成为会员企业。对入会企业的资格审查内容包括企业经营情况、资产状况、是否具有成长性以及中小企业主的人品、道德和生活作风等诸多内容。不管在担保机构设立之初，还是后来的增资扩股期，协作银行始终参与资格审查。具体而言，镇街经发办主要负责中小企业入股条件是否符合要求，向商业银行融资的理由是否合理，中小企业是否具有反担保能力，经营管理者是否存在不良行为等方面的调查；协作银行主要根据贷款授信条件审核贷款是否符合银行信贷政策，授信额度是否与中小企业资产、负债相匹配，贷款用途是否合理等。

2. 退出机制

随着逐步发展壮大，成为一定规模企业之后，会员企业可以从互助担保机构退出。例如，杭州旭日纺织品有限公司向杭州余杭塘栖担保有限公司入股 40 万元后，即获得了 200 万元的流动资金贷款，当年就产生了较好的经济效益。该企业发展壮大后，办妥了相关资产的产权证件，具有了银行抵押贷款的资格以后，成功地从互助担保公司撤出。

## 二、互助担保模式的特点

（一）地方特色①

在乡镇一级建立担保机构是杭州市的首创，它是以互助性担保为特色构建的一种较为新颖的担保机构组织方式。这种富有萧山地方特色的互助担保模式具有会员制、封闭型、社区化、小额度、非营利和低收费等特点。

1. 会员制

在互助担保机构中，会员企业自主提出入股申请，镇街经发办会同协作商业银行共同负责审核会员企业资格，根据调查结果，共同确定是否准

---

① 参见冯婉蓉著：《浙江省中小企业信用担保问题研究》，浙江大学硕士学位论文，2010 年 6 月。

许企业入股以及入股后的最高贷款额和担保额。会员企业既是担保机构的股东，又是被提供担保服务的企业；担保机构与会员企业存在相互关联、相互依存的关系，既能互通担保机构运作情况，又可了解会员企业生产经营信息。

2. 封闭型

互助担保机构只针对会员企业提供担保服务，将风险锁定在会员企业之内，避免担保风险向外扩展，而且明确规定最高担保额为会员企业入股金额的5倍。

3. 社区化

互助担保机构在街道、乡镇层面设立，由镇街经发办牵头组建，具有会员企业的信息沟通半径小，信息传递快，特别是对会员企业的非财务信息了解更容易等特点。

4. 小额度

互助担保机构的会员企业主要是小企业。在成立初期，每个会员企业的出资额一般控制在5万—40万元之内，即单个会员企业担保贷款金额控制在200万元以内。随着担保公司运作时间的延续、管理经验的积累、会员企业规模的扩大，单个会员企业贷款最高额度扩大到1500万元以内。

5. 非营利

互助担保机构成立的目的是搭建融资平台，为会员企业提供融资担保服务，而不是以营利为目的。尽管互助担保机构按有限责任公司组建，采取公司化运作机制，但是它与政府扶持政策相结合，用政府的风险补偿金弥补相应成本费用和损失，而不是以营利为目标开展担保业务。

6. 低收费

互助担保机构的担保服务对象是会员企业，省去了担保对象的信息搜索成本，而且无须复杂的业务运行和信用评价机制，开展担保业务不需要相关的资产评估费、认定费以及其他支出。担保费率的确定以基本实现担保机构的保本经营为依据，这也就决定了担保费率相对较低。一般而言，互助担保机构向会员企业收取的担保费为企业担保贷款月平均余额的1‰~5‰，即相当于银行贷款基准利率上浮10%~20%，收取的担保费用较低。

（二）政府牵头组建

在互助担保模式中，担保机构是由乡镇、街道政府牵头组建的，目的在于为当地中小企业搭建融资平台，提供公共服务。首先，政府自身不通过担保公司融资，纯粹是为中小企业服务，与企业不存在利益冲突。镇街经发办与协作银行审查会员企业入股资格和提供贷款担保时，最终由协作银行定夺，协作银行拥有一票否决权，保证了协作银行的自主决策权。其次，镇街经发办工作人员兼任担保机构的工作，只单纯提供公共服务，便于担保机构正常运行，由于政府人员在企业中有一定的威信，便于管理，一旦出现贷款违约代偿的现象，对企业反担保财产进行处置时，除了利用法律手段以外，还可借助行政手段进行处置。最后，由于担保行业是一个高风险、低收益的行业，政府的监督与扶持是提供公共服务的重要内容，在监督管理方面，萧山区发展和改革局每年对担保机构进行考核考评，设立奖项，督促担保机构规范运作；在提供扶持资金方面，区级财政设立专项基金对担保机构进行补贴。因此，政府扶持、统一管理是互助担保机构良性发展的基础。通过政府扶持和奖励引导，不断完善制度建设，互助担保机构管理规范、运行良好、风险控制到位，较好地发挥了担保机构"四两拨千斤"的作用，为中小企业抓住机遇、加快发展搭建了良好的融资平台，引起中央政府、业界同行的高度关注。

（三）协作银行单一

在互助担保模式运行初期，萧山农村合作银行作为与互助担保机构合作的主要协作银行，担保机构与萧山农村合作银行单一签约。首先，萧山农村合作银行作为一家本土银行，专门服务于当地中小企业和居民家庭，对当地的情况比较熟悉，对一些中小微企业的发展历史、经营状况以及社会声誉，甚至是企业经营管理者都比较了解，拥有信息优势，可以缓解银行与中小微企业之间的信息不对称。比如，萧山农村合作银行新街分行的七名信贷员每人分管两三个村，每个信贷员对每个村的小微企业与企业主以及潜在客户情况都非常了解。其次，萧山农村合作银行作为新型地方金融机构，受到自身资金规模的限制，与大型商业银行相比，它们更愿意为中小微企业提供金融服务，其服务定位比较适应中小企业融资特点。再次，萧山农村合作银行在乡镇、街道具有的业务网点优势，在长期的经营过程中，为当地中小微企业提供便捷的金融服务，解决了乡镇、街道小微企业的融资需求，将互助担保贷款作为小企业贷款融资产品，不仅在利率上给予优惠，降低了会员企业的融资成本，而且与担保机构签订合作协议，承担了一定比例的贷款损失责任。最后，萧山农村合作银行是地方法人金融机构，与地方政府存在密切联系，在互助担保机构成立初期，协作银行会考虑贷款业务风险，并保持一定的警惕。萧山区政府牵头设立互助担保机构，并认购担保机构的部分股权，用政府信誉作担保促成萧山农村合作银行与担保机构合作。因此，信息优势、地域优势、网点优势以及政府信誉的担保机制使萧山农村合作银行成为互助担保机构协作银行的最佳选择。

### 三、互助担保模式的经验借鉴①

**（一）按公司制形式组建互助担保机构**

互助担保机构以乡镇、街道为单位组建，采用公司制的组织形式，乡镇、街道作为出资股东之一，参与担保公司的运作。在担保公司内部设立股东大会、董事会和监事会，明确公司内部运作的职责。乡镇、街道政府不仅给予政策扶持，还提供人力资源，即担保机构的工作人员均由乡镇、街道经发办工作人员兼职，人员工资、办公经费由政府行政补贴，减轻了担保公司的运行成本。

**（二）制定了比较完整的规章制度和管理办法**

为了确保互助担保机构合规运作，做好担保机构的风险防范工作，萧山区建立了一整套互助担保机构运作管理办法，如担保机构公司章程、中小企业股东准入和退出制度、担保业务操作规范、担保限额审批制度、担保风险防范规定、担保业务档案管理办法、担保费收缴管理办法、公司工作人员职责、反担保合同、贷款担保审批书等一系列较为完整的规章制度和管理办法。

**（三）财政资金扶持是互助担保机构快速发展的重要因素**

萧山区政府为了扶持互助担保机构的发展，区级财政专项拨款以补助

---

① 参见涂涛：《互助型担保机构的运作与实践——以浙江杭州萧山区互助担保模式为例》，http://doc.mbalib.com/view/92488613ee1a4937e9e8d3f21e36ca35.html，2010 - 07 - 12。

形式充实互助担保机构的风险金。2005 年 9 月 23 日，萧山区人民政府下发了《杭州市萧山区人民政府关于进一步扶持中小企业担保公司发展的意见》（萧政发〔2005〕194 号），该意见明确区政府建立 1000 万元中小企业风险担保专项资金，主要用于对全区中小企业担保的风险防范、奖励和补助；给予经区发展和改革局批准新创办的中小企业担保有限公司每家 10 万元的补助；经区发展和改革局同意设立或增资扩股注册资本达到（含新增）每 500 万元一个档次，经当年考核运作优良的担保有限公司，再一次性补助 30 万元；切实加大对担保企业考核奖励力度；对参与担保贷款银行的相关人员，根据业务开展的实绩，在各担保公司年度考核奖的 30％内给予奖励；担保公司在运作中涉及的营业税和所得税，区级部分财政补贴担保公司作为风险基金。由于政府资金的扶持引导，会员制担保机构快速发展，放大效应明显。

### （四）充分利用地域优势和声誉机制降低担保风险

互助担保机构立足于乡镇、街道，贴近社区，会员企业之间都十分熟悉，相互了解，迫使会员企业注意维护自身形象和信誉。这种互助担保模式充分运用了地缘、人缘的信息优势，以及乡镇、街道等社区经济中的声誉机制和惩罚机制，降低了会员企业的信息掩饰成本和违约损失，从而降低了担保机构的高风险，保证了互助担保机构的有效运行，在解决中小企业融资难方面发挥了良好的作用。从萧山区近 10 年的经营情况来看，32 家担保机构尚未承担过贷款损失。互助担保机构的安全性比商业性、政策性担保机构要高。

## 四、互助担保模式的局限性

### （一）会员企业存在寻租机会

萧山互助担保模式中，担保公司与每一家会员企业都签订了反担保协议，并且规定会员企业之间互相担保，一旦有会员企业的担保贷款出现了问题，其余会员企业需共同承担贷款风险。尽管这种利益捆绑可以提高会员企业共同监督的动力，降低道德风险，但是随着会员企业数量的增加，监督成本也将上升，容易产生搭便车现象。如果一家会员企业出了问题，可能会牵涉到全部会员企业，遭受损失最大的一定是资信好、资产质量最高的企业。这样，具有高风险的会员企业就会倾向于加入互助担保机构，对低风险的会员企业而言，一旦意识到其他会员企业的风险水平高于自身的风险，则倾向于退出互助担保机构，从而制约互助担保机构的发展。

（二）缺乏行业标准和行业指导

互助担保机构在担保额度、费率计算依据、反担保措施、协作银行操作模式以及风险准备金的计提比例和方式等方面还没有形成统一的行业标准，相互之间差异较大。互助担保机构大多通过会员企业之间的协商来建立相关制度、管理办法，这就使得互助担保机构出现良莠不齐，行业建设亟需规范。

（三）缺乏风险分散机制

在互助担保机构与协作银行的合作过程中，双方的权利和义务并不对等，没有形成贷款担保风险共担的合作机制。合作银行往往只享受权利而不愿意承担义务，要求互助担保机构承担全部风险，而世界通行的规则是协作银行与担保机构共同分担贷款风险。比如，意大利的担保机构在与银行合作过程中，一般承担 60% ~ 80% 的风险责任。

# 第二节　桥隧模式

## 一、桥隧模式概述

针对传统的融资担保业务中存在的担保金额偏小、缺乏有效的担保资金来源、盈利能力较差、担保机构和协作银行之间风险承担不对等、融资担保配套服务体系不完善以及不能满足中小企业融资需要等一系列问题，浙江中新力合担保有限公司创新了融资担保新模式——桥隧模式。浙江中新力合担保有限公司（以下简称中新力合）成立于 2004 年 5 月 18 日，注册资本金 4.17 亿元，是浙江省最大的以融资担保为主的中外合资金融服务企业，其股东包括硅谷银行的母公司 SVB 金融集团等著名企业。2007年，中新力合在以企业、银行和担保公司三方构成的传统担保模式基础上引入第四方——风险投资者，从而构建起信贷市场与资本市场的桥梁与隧道，使得中小企业能够通过担保公司的信贷担保和风险投资公司的相应承诺及操作来实现外部增信，符合协作银行风险控制的要求，实现贷款融资。在这种运作模式中，担保公司发挥沟通信贷市场的贷款和资本市场的风险投资的中介、桥梁与隧道作用，故名桥隧模式。

桥隧模式的具体流程是：（1）中小企业提出贷款申请；（2）担保公司对中小企业进行全面考察和评估，决定是否予以担保，同时，风险投资者对中小企业进行全面考核，判断其是否具有投资潜力；（3）对于具有高价值、高增长潜力的中小企业，风险投资者与其签订协议，承诺当企业无法偿还贷款时，通过收购企业股权的形式，提供企业流动性，帮助企业归还贷款（见图6-2)①。

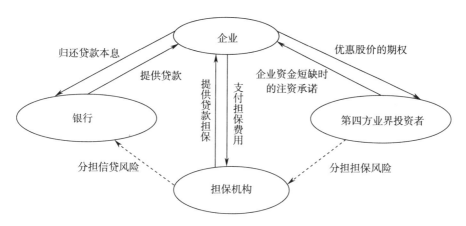

**图6-2 桥隧模式中四方关系示意图**

## 二、桥隧模式的特点

桥隧模式是针对具有高价值和高增长潜力的中小企业提出的一种创新型贷款担保模式。通过担保公司这个桥梁或隧道将信贷市场与资本市场连接起来，使得具有高价值、高增长潜力的中小企业能够通过信用担保机构的信贷担保和风险投资公司的相应承诺来满足贷款银行的风险控制要求，从而达到获取银行贷款的目标。

桥隧模式的最主要特征就是实现四方共赢，即在担保机构、协作银行

① 参见冯婉蓉：《浙江省中小企业信用担保问题研究》，浙江大学硕士学位论文，2010年6月。

和中小企业三方关系中导入第四方（包括风险投资机构或行业上下游企业）。第四方事前以契约方式承诺，当企业发生财务危机而无法按时偿付银行贷款时，只要满足一定的条件，由第四方来购买企业股权，为企业注入现金流，偿付银行贷款。其核心是在原有的银行信贷模式中引入风险投资、股权融资反担保等内容。这种模式对借款企业有一定要求，主要包括：符合国家产业政策；具有高价值、高增值潜力，资本市场价值高；有技术，有产品，有市场；在资金推动下可快速成长；具备一定的经营管理能力，无不良信用记录；愿意用企业股权作为反担保，并释放一定比例期权[①]。

在满足以上条件的前提下，桥隧模式能够实现四方共赢[②]。

（一）对于银行而言

在全面开放的金融大环境下，挖掘中小企业贷款市场潜力是银行必须面对的。第四方的导入，使得银行变现与发掘违约企业的潜在价值的业务分离出来，并打包给第四方，从而提高了企业价值潜力变现的概率，最终降低银行坏账损失的发生。即使第四方不是绝对承诺在危机发生时必然介入，但是只要能够使银行确信其能以一定的概率介入，则对于银行而言，接受四方合作的桥隧模式就是有利可图的。

（二）对于企业而言

桥隧模式的合作框架下，只要企业预期的现金流没有出现异常，则其可以实现在不稀释股权的同时获得企业发展所需要的债务融资；而当企业的现金流出现了非预期的变动，使企业无法偿付银行贷款面临破产清算时，第四方的介入能确保企业持续经营，从而最大可能地保留企业的潜在价值。

（三）对于第四方而言

寻找并千方百计地进入具有高价值、高成长潜力的中小企业是第四方存在的目的。桥隧模式为风险投资机构进入高价值潜力和高增长企业提供

---

① 参见王华：《杭州融资担保模式创新研究——以浙江中新力合担保有限公司为例》，载《杭州科技》，2011（4）。

② 参见陈杭生：《UPG 关于"桥隧模式"的汇报》，瀚华担保网，http：//www.hanhua.com.cn/brand_view.php? rcc_id =4&brawarid =28&warpid =535，2008 – 12 – 09。

了可能性。由于进入时机的特殊性，第四方可以以较为低廉的价格获得目标企业的权益份额；并且，第四方可以通过与担保公司的合作，进一步降低寻找优质潜力企业的搜寻成本。

**（四）对于担保公司而言**

桥隧模式的利益体现在三个方面：一是桥隧模式使原本无法实施的贷款担保业务得以实现；二是第四方的导入，特别是在财务危机时以股权投资等形式注资违约企业，将降低担保公司代偿的风险；三是桥隧模式降低了担保公司所承受的或有风险水平，从而可能使银行降低对其担保贷款的保证金要求，甚至可能引起相关监管部门放松对担保公司资本金放大倍数的约束，从而有利于担保公司扩大业务量，提升利润空间。

## 三、桥隧模式的经验借鉴[①]

**（一）强化与金融机构的合作**

担保机构的创新离不开银行、信托等金融机构的大力支持与配合。通过与金融机构建立合作模式，充分利用同行丰富的金融资源，借鉴其金融创新经验，以开发出更多的创新产品和服务。比如加强和贷款银行之间的业务联动，开展共同评审、共同运作，共同为企业担保，从而简化评审流程，节约评审时间；推进与小额贷款公司合作，为小额贷款客户提供相应担保服务；深化与企业的纵向合作等。除尽可能满足企业的短期资金需求外，担保机构还要学会利用所掌握的资源，积极引荐风险投资和上下游相关企业对担保对象进行战略性投资，形成长期的合作关系；还可以推动企业与资本市场进行对接，如提供企业债担保、帮助直接上市融资等。

**（二）减少了信息不对称**

逆向选择和道德风险等问题导致了市场失灵以及帕累托无效，人们不得不通过其他方式来提高市场运行效率，其中信号的制造和传递是最重要的手段之一。在信息经济学中，信号与信息一样，具有消除或减少不确定性的功能。在传统的担保模式下，担保机构同样观察企业的经营能力、管理水平、运营效率、研发能力，但是由于担保机构自身的局限性，中小企

---

业的类型以及质量好坏无法被准确地定位，因此这些信息无法转化为一种信号并传递给协作银行，此时急需一个更加专业的信号传递者。在桥隧模式下，第四方业界投资者的介入，恰好充当了一个信号传递者的角色，从而能够有效地缓解企业与担保机构、企业与银行之间的信息不对称。这是因为，无论是风险投资公司还是上下游企业，在目标企业的筛选上都比担保机构更具信息优势。例如风险投资公司，公司的性质决定了其要在信息不对称的环境下挑选高质量的投资项目，因此能从专业的角度来识别中小企业的投资风险。对于上下游企业，第四方比担保机构掌握更多目标企业的经营历史、发展前景、企业价值等信息以及其他的私人信息。这些信息优势有利于第四方准确判定目标企业的真实盈利能力和还款能力。如果第四方承诺当目标企业现金流出现问题而无法偿还贷款时代为偿还，这相当于向担保机构和银行发送了一个正面的信号，因为只有企业的盈利水平越高、发展潜力越大，第四方才越有动机介入目标企业。

### （三）实现了四方共赢

在传统的担保模式中，担保机构一方面收入渠道单一、保费收入较低，另一方面与协作银行之间地位被动，风险承担较大，徘徊于"保"与"不保"之间；银行一方面流动性过剩，另一方面中小企业贷款风险较高，徘徊于"贷"与"不贷"之间；中小企业一方面发展急需资金，另一方面自身信用不足，处在想"贷而贷不到"的困境中。不合作博弈使担保机构、银行、中小企业三方均面临着困境，这也是传统担保模式缺乏生机的原因。借助于第四方业界投资者的外力，可以很好地打破这种僵局，实现四方利益共享的合作博弈。对于银行来说，桥隧模式的实行可以带来保证贷款质量、增加银行利润、促进业务可持续发展三方面的好处。在传统的担保模式中，由于担保机构专业人才匮乏，以及自身知识与经验的不足，筛选出的企业并不一定优于银行筛选的企业。在事后监督方面，担保机构也缺乏了解贷款企业业务状况的灵敏信息通道，因此，在信息不对称问题没有得到有效缓解的情况下，银行对中小企业担保贷款的质量仍然持怀疑态度。引入第四方业界投资者之后，第四方可以凭借其专业优势以及信息优势，筛选出那些高成长、高回报的企业，同时分担银行和担保机构的事后监督压力，从而保证了银行贷款的质量。

在增加银行利润方面，桥隧模式的实行可以增加银行对中小企业的贷款数量和规模，从而达到增加贷款收入的目的。在桥隧模式中，通过担保机构和业界投资者的共同担保，银行能够获得更多关于目标企业的信息，有力地促进了银行与目标企业合作关系的建立。如果目标企业在融资之后谨慎经营，努力开拓事业，按期还款，银行很容易与该企业建立长期合作关系，继续提供贷款，该目标企业也更有可能成为银行长期的优质客户，带来融资结算、理财顾问、咨询服务等大量的中间业务。

对于企业来说，桥隧模式的实行可以使企业采用较理想的融资方式解决资金不足问题，同时又能保证企业在无法偿还贷款时仍然能够持续经营。中小企业的资金来源主要包括内部融资和外部融资，内部融资主要源于继承家业、积累及合伙集资，外部融资主要包括股权融资和债务融资。企业在选择融资方式时，倾向于先进行内部融资，其次是债务融资，最后才进行股权融资。根据企业融资次序理论，中小企业在创建初期主要以内部融资为主，随着企业的发展壮大，其自身的资本积累已不能满足企业进一步发展壮大的需要，则要寻求外部融资，这时会优先寻求债务融资，即需要大量银行及非银行金融机构的贷款。但是处于创业期的中小企业自身存在诸多风险因素，加大了银行等金融机构贷款的风险成本，从而使得中小企业出现融资难、贷款难的困境。同时该阶段的企业又最不偏好股权融资，因为过早的稀释股权将大大降低创业者的预期收益。在桥隧模式的合作框架下，很好地解决了这个问题，在观察期内企业可以在不稀释股权的前提下获得第四方担保，从银行取得企业所需要的债务融资，只有当企业的现金流出现了未预期的变动而无法偿付银行贷款时，第四方才真正介入。此时第四方的介入可以避免企业被破产清算，确保了企业的持续经营，从而最大可能地保留企业的潜在价值，虽然这可能意味着创业者丧失部分股权，甚至失去控股权。

对于第四方业界投资者来说，寻找并千方百计进入具有高价值潜力和高成长潜力的中小企业是其存在的根本和目的。在桥隧模式下，投资者可以通过担保机构建立的信息平台，从中获得大量的企业信息，大大降低信息的搜寻成本。另外，桥隧模式还增加了业界投资者进入高价值潜力和高增长企业的可能性，并且由于进入时机较为特殊，第四方可以以较为低廉的价格获得目标企业的权益份额。

对于担保机构来说，桥隧模式的利益体现在三个方面：一是使原本无法实施的贷款担保业务得以实现；二是降低了担保机构所承受的或有风险水平，从而增加了担保机构与银行谈判的砝码，有利于争取更优惠的风险分担比例、保证金条件等，甚至可能使相关监管部门放松对担保公司资本金放大倍数的约束，从而有利于担保公司扩大业务量，提升利润空间；三是第四方的引入，承诺在目标企业遇到财务危机时以股权投资等形式注资目标企业，将有力地降低担保公司代偿的风险。

### 四、桥隧模式的局限性

桥隧模式的适用对象主要是那些被业界投资者看好，具有高价值和高增长潜力的创业企业。这类创业企业的潜在价值更多的是以无形资产的形式存在而不是以可抵押的实物资产的形式存在，可清算价值不高。一旦企业发生违约，银行出于人力和交易成本考虑，通常会采用破产清算的方式进行追偿。由于破产清算，丧失了持续经营的机会，潜在的企业价值将蒸发殆尽。担保机构作为剩余风险的承担者，必然要代偿，从而造成担保机构无法挽回的损失。而银行可能预期到这种后果，所以不热衷于与担保机构合作，拒绝这类创业企业的贷款申请。在引入第四方业界投资者之后，一旦创业企业发生财务危机无法归还贷款时，第四方的介入可以从最大程度上将无形资产变现，代为归还贷款，使企业、银行、担保公司、第四方业界投资者四方实现共赢。由此可见，桥隧模式适用的对象是那些具有大量无形资产、具有高增长潜力、被业界投资者看好的创业型企业。因此，桥隧模式还可以创造性地解决某些特殊行业的融资问题，比如文化创意行业。但是，要大面积推广桥隧模式还存在一些局限性。一是适用范围较窄，必须是能成功吸引第四方业界投资者的高价值和高增长潜力的中小企业，在适用范围上桥隧模式存在先天不足。二是第四方参与者单一，在战略投资者培育不足的市场环境中，桥隧模式的第四方业界投资者主要是风险投资公司，缺乏更多的风险承担主体。三是该模式采取一对一操作，使得其"复制"效率较低，不能进行有效的"产品化"推广①。

## 第三节　联合担保模式

### 一、联合担保概述

为加快高新技术成果转化，促进杭州市科技型企业的健康成长，在杭州市科技局牵头下，市财政局、杭州银行、担保公司和科技园区通力协作，建立了科技企业融资联合担保的机制。

2006 年 6 月 6 日，杭州市科技型企业融资联合担保签字仪式在杭州举行。杭州高科技担保有限公司作为融资联合担保的发起单位之一，与杭州银行一起，分别与杭州高新担保有限公司、江干担保投资有限公司、浙大科技园发展有限公司签订了《科技型创业企业融资联合担保合作协议》，合作方将本着"政府扶持、平等自愿、互惠互利、风险共担"的原则，进行融资联合担保业务合作。根据《科技型创业企业融资联合担保合作协议》，市和区两级联合担保公司作为联合担保人，重点为杭州市科技型创业企业进行高新技术产品研发和产业化提供融资、担保服务，并按照双方协商好的比例分别承担连带责任担保。杭州银行按照市、区两级联合担保的额度提供贷款，承诺 5 亿元的科技中小企业贷款授信额度，简化审批程序，降低门槛，同时在定价测算所得贷款利率的基础上给予企业一定的贷款利率优惠和倾斜，对联合担保项目出现的贷款损失，银行承担一定比例的风险责任。签字仪式上，杭州光影仿真技术有限公司获得了杭州银行 100 万元的授信额度，成为首家受益的高科技企业，也标志着杭州市科技型中小企业融资联合担保正式启动②。

联合担保的业务流程如下：首先，有融资需求的科技型创业企业提出贷款担保申请；其次，由杭州市高科技担保有限公司和加入联合担保业务平台的其他担保机构接受申请，经初步审查同意受理后，由贷款主办行杭

---

① 参见冯婉蓉：《浙江省中小企业信用担保问题研究》，浙江大学硕士学位论文，2010 年 6 月。
② 参见林旦、林建萍：《科技企业融资联合担保机制建立》，载《杭州科技》，2006（3）。

州银行牵头对企业进行联合调查；再次，联合担保各方根据各自审批程序完成担保和贷款审批；最后，审批通过，办理相关担保和放贷手续。在此过程中，政府将为担保公司补贴担保手续费，并为贷款发生的实际损失再承担30%左右的风险。

在联合担保模式基础上，杭州市高科技担保公司按照"政府引导、市场化运作"的思路，根据不同企业的不同发展阶段，量身定制一系列融资担保产品和服务，推出天使担保模式，进一步解决高科技中小企业的融资难问题。2010年12月，在天使担保的基础上，杭州市高科技担保公司又推出联合天使担保，由杭州市科技局、区县（市）科技局、银行按4:4:2比例，联合建立杭州市科技型初创企业联合担保风险池基金，定向为科技型初创企业提供担保贷款，共同分担融资风险。代偿损失在风险池资金范围内，按约定比率承担，损失超过风险池资金总额度时，由高科技担保公司和银行分别按约定比例承担。杭州市政府制定联合天使担保补偿办法，由政府给予适当补偿。目前，杭州市高科技担保公司已在10个区、县（市）建立风险池基金，当地政府出资规模达7 700万元，授信额度达7.7亿元。

## 二、联合担保模式的特点

### （一）主要服务于科技型中小企业

该模式针对科技型中小企业，一般以科技人员创业为主，以科研和成果转化为特征。按杭州市相关规定，允许进入联合担保平台融资的科技型中小企业包括市级以上专利试点企业、高新技术企业、初创期重点培育企业；经国家授权或授权机构认定的软件企业，知识、人才"双密"企业等，年销售收入在5 000万元以下。同时，这些企业必须以杭州为注册地且成立期限在1年以上，经营发展状况良好，基本具有偿还借款的能力并可提供一定的反担保措施。通过联合担保获得的借贷资金应用于企业产业化过程中的流动资金需要，贷款期限一般为1年左右。收取的联合担保费原则上不超过银行同期贷款利率的50%。

### （二）实行多机构联合担保

由于科技型中小企业具有有形资产比率低、规模小、风险大、发展不成熟、初期利润少等特点，按照传统担保模式，科技型中小企业的融资问题难以有效解决。为了使科技型中小企业能够获得银行贷款，由市级高科技担保公司与各区担保公司或区科技孵化器两级联合提供担保，并由加入联合担保平台的银行提供贷款，有效解决了科技型中小企业融资难问题。具体操作上，杭州市科技局出资 2 000 万元成立杭州市高科技担保有限公司作为市级担保机构，随后陆续由杭州高新担保有限公司、江干担保投资有限公司等十数家区级担保公司参与到联合担保平台中，合作的银行包括杭州银行、浙商银行城西支行等。

（三）形成杠杆效应

通过联合担保平台，放大、提高了政府资金的使用绩效。经测算，如果 1 亿元的担保额，政府担保费补助按 2% 标准计算，补助 200 万元，发生 5% 的代偿，按照 30% 的再担保补偿标准计算，为 150 万元，两项合计是 350 万元，而企业得到的科研开发资金是 1 亿元，这种运作机制，真正起到了政府资金"四两拨千斤"的作用。因此，联合担保模式能够带动、牵引整个科技投融资体制改革和科技创新激励机制的实现，更大程度地发挥政府资金对科技型创业企业的引导作用和支撑功能[①]。

（四）有效分散融资风险

在联合担保模式下，由于有多家担保公司联合承担担保业务而且担保额度清晰，所以这种风险能在各担保机构之间按责任实现分摊，从而有效降低各个担保公司独自承担的担保风险。这样就克服了在传统担保模式下一家担保公司实地调查分析后，自主确立受担保企业，一旦受担保企业经营失败，担保公司需要承担全部担保损失的缺陷。目前，联合担保已延伸和发展到杭州市各区的担保公司和有担保能力的孵化器，作为联合担保人，为辖区科技型企业提供担保。

---

① 参见赵立康：《加快建设科技型中小企业联合担保平台缓解科技型企业融资难问题》，载《杭州科技》，2006（3）。

### 三、联合担保模式的经验借鉴①

#### (一) 充分发挥了参与方的资源优势

联合担保往往由两家或两家以上的担保公司，为同一企业或项目进行担保。在联合担保过程中，政府职能部门、市区两级担保公司、科技型中小企业、银行等建立起战略合作关系，它们整合各自的功能，充分共享各自的资源，充分利用自身的信息，发挥各自的职能，从而实现资源利用的最大化。比如，政府及市级担保公司利用其威望带来良好的信任基础，便于与各方沟通协调；区级担保公司或高科技企业孵化器比较了解科技型中小企业的基本情况与发展潜力；银行则根据贷款风险评估提供信贷资金。这样，参与各方将自身资源整合在一起，就能获得比传统担保更多的优势。

#### (二) 提升了联合担保集体的可信任度

由于受到资金的限制，单一担保公司的担保能力有限，尤其对区级担保公司而言，开展担保业务会受到许多制约，包括资本金、业务类型、放大倍数、风险准备金等，协作银行对其的信任度也有限。联合担保将多家担保机构的资金实力汇聚在一起，具有资金优势，提升了信用，而且增加了与银行合作的机会，更容易获得银行的信赖和支持。尤其是部分银行也加入到了联合担保平台中，就能为更多的科技型中小企业提供更多的信用增信和融资支持。

#### (三) 通过反担保拓宽了贷款企业范围

在联合担保模式中，根据科技型中小企业经营状况以及发展潜力，选择不同类型的反担保措施，主要包括：(1) 用被担保企业实物资产反担保，如以企业房产、土地使用权等不动产以及机器设备等动产抵押，以经联合担保方认可的股权、知识产权、销售合同和应收账款等权利资产质押。(2) 由第三方提供反担保措施，即经联合担保方认可的第三方企业或个人提供的实物资产及其信用进行反担保。让更多企业提供反担保，意味着更多的科技型中小企业可以通过联合担保获得银行贷款。

---

① 参见鲍则民、黄鋙滢：《杭州创新联合担保模式浅谈》，载《商场现代化》，2008 (8)。

### （四）简化了企业贷款流程

在联合担保模式下，杭州市高科技担保有限公司和加入联合担保业务平台的其他担保机构或高科技企业孵化器都可以接受科技型中小企业的贷款担保申请。对符合条件的科技型中小企业，联合担保平台实行联合担保授信，即科技型中小企业可预先提出联合担保申请，并在商业银行开立结算户，联合担保方进行资信调查后，可以提前确定联合担保授信额度。这些措施极大地方便了受贷科技型中小企业，大大缩减了申请步骤和申请时间，支持了科技型中小企业的发展。

## 四、联合担保模式的局限性[①]

### （一）政策干预会影响担保公司决策

在联合担保模式中，担保公司往往承担较大的风险，而收益甚微。联合担保主要依靠政府的支持，可以说联合担保仍然是政府主导的政策型担保。过多的政策干预可能会影响联合担保的担保策略，甚至于会影响从根本上解决科技型中小企业的融资难问题。只有将联合担保平台置身于市场之中，拓展担保公司的担保业务，如允许担保公司从事担保之外的融资租赁、担保投资等业务，多元化发展，提高其盈利能力，才能使联合担保获得生命力。另外，利用政府给予联合担保平台的优惠措施吸引更多的民营担保公司的进入，可以激活整个联合担保平台的市场活力。与此同时，为保证联合担保的初始宗旨即引导高新科技企业的发展，政府可以在联合担保平台中设定一些政策性的担保公司，作为联合担保过程中的主导型公司，为整个平台的担保提供导向，最终将联合担保转型为政策导向并服从市场机制的新型担保模式。

### （二）联合担保平台的参与面较窄

联合担保的存在基础是由很多不同级别的担保公司、科技企业孵化器及银行共同参与。只有这样，才能充分发挥联合担保风险共担、提升总体实力等优势。而在杭州市的实际操作中，只有包括市区两级的数家担保公司、少数科技企业孵化器和两家银行加入联合担保平台，覆盖面较窄，大

---

① 参见鲍则民、黄铭滢：《杭州创新联合担保模式浅谈》，载《商场现代化》，2008（8）。

大影响了联合担保的质量。需要拓宽联合担保平台的参与面,一方面,可以考虑引导更多的民营担保公司进入,以加强整个平台的市场应对能力;另一方面,可以吸收更多的高科技企业孵化器进入,以便更有效地发现潜力大的产品、技术和相关企业并实施担保。当然,要想最终解决科技型中小企业贷款难题,联合担保平台需要吸收更多的银行进入。

### (三)需要有完善的法律制度支持

联合担保牵涉到政府部门、科技型中小企业、担保公司、银行和科技企业孵化器等众多单位。在担保业务运作过程中,存在各种各样的矛盾冲突和利害关系,必须有完善的法律制度对联合担保的各个细节进行规范,以促进联合担保的健康有序发展。事实上,我国与担保行业相关的法律只有《担保法》《中小企业促进法》。杭州市试行的联合担保没有单独的法律支持,只能依据《关于促进创新型企业融资担保的试行办法》《融资联合担保操作规程》等行政性规定。在联合担保业务运作过程中,会出现无法可依的问题。因此,有必要对联合担保建立较为完善的法规制度,只有完善的法规制度的保障,才能促进联合担保稳健发展、规范运作。

# 第七章　杭州市担保业发展相关建议

## 第一节　担保机构角度

### 一、拓宽融资渠道，扩大资本金规模

担保业是一个高风险、低收益的行业。担保业务的开展需要发挥资金的规模效应，但是，一旦发生担保风险，担保机构需以资本金来承担担保损失。因此，资本金的规模就决定了其风险承受能力。一般而言，资本金较少的担保机构其抗风险能力较弱，也难以形成担保业务的规模效应。目前，杭州市担保机构以中小型为主，其担保资金来源主要依赖于注册资本、风险准备金和财政补偿金。总体而言，资本金规模偏低，尽管2013年杭州市担保机构新增加注册资本173 022.90万元，但还是远低于全国平均水平。因此，担保机构应不断拓宽融资渠道，通过扩大资本金规模来提高抗风险能力。根据发达国家的经验，当担保业发展到比较成熟的阶段时，就会成为民间资本投资的新热点。杭州市民间资本富足，大量民间资本也在寻找各种投资机会。因此，可根据不同类型的担保机构采取差异化、多渠道融资对策。

一是针对政策性担保机构。这类担保机构一般都由政府财政出资，以国有独资和控股为主。应适当降低对此类担保机构中财政资金的持股比例，腾出空间来让民间资本进入，使得较少的财政资金就能获得更多的民间资本配套，组建更多的担保机构。这种做法可以在一定程度上提高政策性担保机构的市场化程度，有利于提高市场竞争的公平性。

二是针对互助性担保机构。这类担保机构的资本金主要是由会员企业

出资的。如果政府投入一定量的财政资金，可以解决此类机构的燃眉之急，有利于这类机构的组建和发展。因此，建议由杭州市政府相关部门牵头，与中小企业联手共同出资组建互助性担保机构，并注入一定的启动资金。这种财政支持方式政府投入的资金有限，不会增加财政负担，但能够充分调动有融资需求的中小企业入股互助性担保机构的积极性。此外，财政资金进入互助性担保机构也有利于萧山模式在其他区、县（市）推广应用。

三是针对商业性担保机构。一方面，政府可以考虑从财政收入增长中提取一定比例作为担保机构的风险补偿基金；另一方面，政府也可以从中小企业缴纳的税收中提取一部分作为担保机构的专项资金。做到取之于中小企业，用之于中小企业，稳定担保机构补偿资金的来源。鉴于杭州市民营经济发达，民间资本充裕，商业性担保公司的资本主要源于民间资本。要增加此类担保机构的资金，可以考虑通过理财方案的设计来增加资金来源，即将担保机构的融资方案设计成理财产品，在银行柜台出售给普通投资者，投资者的收益可以由其他担保机构进行担保。这不仅能够解决担保机构融资，还可以帮助其他担保机构拓展担保业务，甚至于可以减少民间金融活动。此外，还可以考虑通过私募、信托等方式吸引民间资金进入担保业，充分发挥民间资本的作用，增强担保行业的实力。

## 二、勇于开拓创新，提供多元化的担保服务

目前，杭州市担保机构的业务比较单一，虽然一部分担保公司的担保业务从单一的贷款担保扩展至票据担保、贸易融资担保、信用证担保、履约担保和其他担保等，但主要还是集中于中小企业融资担保业务。为了更好地解决中小企业发展过程中融资难、担保难问题，担保机构应勇于开拓，积极创新。

一是创新担保理念。担保机构是融资中介，其目的在于解决中小企业贷款难、银行难贷款的矛盾。相对于银行而言，担保机构应该更看重中小企业的长期发展和公司信誉。在中小企业有融资需求时，担保公司应根据企业的具体情况，设计不同的方案，在现有传统的担保领域上有所创新、有所突破，通过不断拓宽担保领域和担保品种，谋求担保业更大的发展空

间，进一步把担保机构做大做强。

二是创新担保品种。担保机构除了继续开展中小企业融资担保业务以外，可积极探索尝试无形资产担保，比如，专利权质押、商标权变现质押和货单质押等，还可以探索科技型中小企业订单贷款担保、提货单证担保、销售合同担保、设备融资担保、政府采购担保、财产保全担保以及互联网金融担保等新型担保业务，将担保领域延伸至商品流通、商品贸易、科技、个人消费等多个方面。

三是创新担保方式。在进一步完善互助担保、联合担保、桥隧模式等创新担保模式的基础上，可以考虑探索将中小企业的有形资产和无形资产整体打包担保，将企业股东、主要经营者的个人财产进行连带保证，以及担保公司介入供应链中上下游企业进行担保等多种担保方式。

### 三、健全风险管理制度，完善风险防范体系

担保业的高风险特征决定了担保机构应该建立健全风险管理制度，切实做好担保机构的风险防范、控制和化解工作。

一是完善担保业务操作规范。虽然杭州市大多数担保机构都建立了担保业务操作程序，为担保业务的运行和风险防范提供了制度保障，但是由于多种原因，一些担保机构还没有相对完整的业务操作程序，或者即使有业务操作程序但未能较好执行。这就需要担保机构对担保业务的申请、审核以及担保条件、保后跟踪和贷款代偿等都有明确的规定，对担保业务实行审、保、偿分离的制度，进一步完善担保业务的操作规范。

二是完善风险补偿以及再担保制度。目前，杭州市虽然已经开展再担保业务，但是，在风险分散和损失分担制度不成熟的情况下，担保的放大功能不能很好发挥。作为高风险的行业，担保公司的系统性风险需要通过再担保体系来分散。因此，可以借鉴上海、广东、江苏等地的经验，依据杭州的实际情况进一步完善风险补偿基金，对担保业务运作较好的担保机构以及协作银行进行奖励，对于发生代偿损失的担保机构按一定比例进行补偿。再担保机构以政府扶持资金为主导，不以营利为目的，按担保机构担保规模的一定比例承担担保风险，同时在业务规范性及合规性方面对担保机构给予积极指导。

三是及时落实反担保措施。一方面，根据担保业务以及中小企业的实际情况，采用多种反担保措施来转移担保风险，严格要求被担保企业不得随意逃废债务和转嫁风险，也可以要求以企业主、经营管理者的个人财产进行抵押，以增加所有者和管理者的偿债责任等；另一方面，可以考虑构建中小企业—担保机构—银行之间的制衡机制来控制风险。例如，担保机构要求贷款企业在贷款银行开立基本账户，或者要求贷款企业将担保贷款的一定比例存放在贷款银行，一旦贷款企业违约，担保机构可以要求银行账户冻结，以此来制衡贷款企业。另外，担保机构可以借助上述条件来协调与协作银行之间的风险承担比例和担保放大倍数，不仅可以降低贷款企业的违约风险，而且也可以降低与银行合作时自身承担的风险。

## 四、提高人员素质，打造专业化团队

担保业作为一个新兴行业，无论是挑选贷款企业、进行风险管理，还是设计担保产品、进行担保模式创新等，都离不开高素质的专业人才。目前，杭州市担保机构从业人员整体素质不高，普遍缺乏金融、财务、法律、审计、项目评估等专业综合知识。因此，应加快担保机构从业人员队伍建设。

一是造就一支业务能力强、道德水准高的担保从业人员队伍。担保机构可以与高等院校、科研院所等学术机构合作，加强担保专业人员的培训工作，丰富从业人员的金融、财务、法律、投资等专业知识。同时，强化从业人员的职业道德教育，建立一支具有高度责任心、具备良好综合专业知识与从业经验的员工队伍。

二是积极参加担保业务的培训工作。担保机构应建立从业人员业务培训计划，积极参加各级政府、行业协会组织的担保业务培训和从业人员资格认证考试，通过培训和从业人员资格认证，切实提升从业人员的综合业务素质和专业技能。

三是建立员工职业上升通道。担保机构不仅要实施灵活高效的选人、育人、用人机制，而且应不断提高担保从业人员的薪酬待遇。通过设计完善的薪酬激励制度，运用灵活且富有竞争力的薪酬吸引更多的优秀人才加入担保行业，为担保行业发展提供人力资本。

# 第二节　协作银行角度

## 一、转变观念，积极推动银担合作

扶持、引导担保机构快速发展，是近年来国家和地方政府解决中小企业融资难问题的一项重要举措。担保机构的业务拓展离不开与银行等金融机构的协作。通过开展银担合作，一方面可以有效解决中小企业融资难，促使金融服务"三农"、服务高科技企业；另一方面，可以防范和控制贷款风险，开拓金融服务市场。

一是体现国家的经济和产业扶持政策。对担保贷款中的小微企业贷款、"三农"贷款、"民生"贷款以及战略性新兴产业贷款，协作银行可考虑执行基准贷款利率，并根据相关规定落实利率优惠政策；对管理规范、信用良好的担保贷款，本着成本效益原则，在基准利率的基础上可适当下浮。

二是建立与担保公司合作的长效机制。协作银行应逐步拓宽与担保机构的合作面，按一定比例合理承担贷款风险责任，把握担保放大倍数，明确违约债务的处置权限，从而在银担合作中建立起平等协作、风险共担、互利共赢的合作关系，充分发挥银行和担保机构的各自优势，促进中小企业融资担保业务的健康发展。

三是加强银担合作的信息共享。担保机构的信用信息已纳入人民银行企业征信系统，协作银行应为合作的担保机构依法查询、确认有关信用信息提供协助和便利；进一步拓宽银担合作信息交流渠道，建立担保机构信息反馈机制，增强担保机构信息透明度和可信度，解决银担合作信息不对称问题；理顺银担合作机制，银行和担保公司共同对贷款项目进行考察和评估，对担保机构代偿后的追偿活动，合作银行应给予必要的协助。

## 二、强化风险管理，实现互利共赢

担保业务的开展及其高风险的行业特征要求协作银行转变观念，采取适当措施完善对担保机构授信管理模式，优化审贷流程，缩短审贷周期，为中小微企业融资提供方便、快捷的服务。

一是适当提高担保放大倍数。目前，杭州市担保机构的放大倍数较低，协作银行应本着引导担保机构服务中小企业、服务"三农"的原则，依据国家产业政策和担保机构的风险控制能力、经营管理水平、社会信誉、资本金与净资产规模、风险准备金及代偿能力、担保费率高低等，制定动态的担保放大倍数评价管理机制。在担保机构净现金资产 10 倍范围内确定担保责任余额或授信总额，尽可能提高担保资金放大倍数，有效发挥担保资金的放大效应。

二是合理确定责任分担比例。由于制度缺失、资本有限等多种因素制约，担保机构在与协作银行的合作过程中，往往处于弱势地位。目前，杭州市担保机构与协作银行对担保损失的分担比例大多在 9∶1 到 8∶2 之间。按照国际惯例，若贷款到期不能收回，担保机构一般承担 70% 左右的损失，部分经济发达国家担保机构承担的责任比例更低，如法国 50%、日本 50%～80%、德国 50%～80%。因此，协作银行应在明确担保范围、担保责任形式、担保放大倍数、违约责任承担以及代偿条件等相关内容的基础上，确定合理的担保责任分担比例。

三是积极完善担保贷款风险防控机制。预防和化解担保贷款风险是协作银行与担保机构的共同目标，协作银行应把与担保机构的合作作为拓展信贷服务、延伸金融服务产业链、适应社会经济发展转型的一项战略选择。协作银行应遵循"利益共享、风险共担"的原则，与担保机构协商确定贷款代偿及损失责任分担比例，增强担保机构与协作银行双方共同防范风险的责任意识。

## 三、发挥本地优势，创新合作方式

目前，杭州市担保机构与银行间的合作已经全面展开，合作也初见成效。但相对而言，担保机构与银行的合作偏弱，还有进一步深化的必要。

一是发挥本地金融优势。杭州市本地金融发展势头良好，有多家资产质量良好、盈利能力较强、综合实力跻身全国城市商业银行、农村商业银行前列的本土银行。在金融服务体系比较完善的美国、日本等国家，有一批地区性金融机构专门为中小企业提供融资服务，这些地区性金融机构积极参与中小企业信用担保计划，与担保机构建立了长期稳定的合作关系。杭州市可以借鉴美国、日本的经验，促使本土银行利用其拥有当地中小微企业的详细信息、贷款交易成本相对较低，以及拥有庞大的中小微企业客户等优势，积极参与银担合作，以此来缓解中小微企业融资难问题。

二是创新合作方式。协作银行可针对不同市场主体的特点和需求，选择在相应产业、行业或区域具有明显优势的担保机构，或者对协作银行自身拓展业务具有互补性的担保机构，积极创新合作方式，逐步扩大合作范围，提高合作层次，力争推出多样化的金融产品和服务项目，有计划、有目的地培育那些资金实力强、管理规范、有发展潜力的担保机构发展成为银行的合作伙伴。

三是拓宽合作对象。除了银行以外，信托公司等非银行金融机构也可以作为担保机构的合作对象。信托机构有着商业银行在股权投资等领域所不具有的优势，而担保机构具有对中小企业比较了解的信息优势，如果担保机构能够在信托公司和中小企业之间搭起信用桥梁，则能改善银担合作中担保机构的弱势地位。因此，信托公司通过与担保机构建立务实、长期的合作关系，可以进一步完善融资环境和配套服务措施，通过金融产品和服务方式的创新，多方面拓宽双方合作渠道，实现多方互利共赢。

# 第三节　政府管理角度

## 一、健全相关法律法规，促进行业健康发展

担保业作为一个新兴行业，应建立健全相关法律法规制度，规范担保行业健康快速发展。

首先从国家层面完善相关法规。建议国家根据《中华人民共和国担保法》《中华人民共和国中小企业促进法》等法律，制定《中小企业信用担保管理办法》，明确担保业的准入和退出制度、资信评级制度、风险防控制度、信息披露制度、损失分担制度、惩罚制度、行业自律与政府监管等，做到信用担保活动有法可依、有法可治、有法可惩。加快出台《中小企业信用担保法》以及其他相关政策规定，从三个方面完善中小企业信

用担保体系：一是理顺政府、担保机构、中小企业和协作银行之间的权利义务关系；二是界定担保机构的市场准入、行为规范、法律责任、风险分担和监督管理等诸多因素；三是通过增加失信成本、惩罚失信行为等多种行政政策措施，为担保机构创造良好的中小企业客户群体。

其次从地方政府层面完善规章制度。近年来，浙江省政府、杭州市政府、中国人民银行杭州中心支行、市经信委、市财政局等部门对担保行业发展已经制定了多项规章制度，为全市担保机构的发展、业务开展提供了法律依据。为了进一步规范杭州市担保行业发展，应考虑通过地方立法，鼓励和支持更多的民间资金进入担保机构，逐步放宽担保市场准入条件，将优良的民间资本吸纳为市场主体，维护担保机构稳定、健康发展。

## 二、完善资信评级工作，推广评级报告使用范围

从 2002 年开始，杭州市在全国率先开展对担保机构的信用评级，并把评级结果和政府奖励直接挂钩，评级结果已成为政府对担保机构奖励和扶持的重要依据，并已经成为银担合作的基础、政府监管的助手、行业自律的前提。事实证明，对全市范围内的担保机构进行信用评级有助于监管部门全面、客观地掌握担保机构信息；有助于担保机构自身规范发展；有助于银行更好地了解担保机构，促进银担合作。建议主管部门在已有信用评级基础上，继续推广评级工作，逐步扩大参与评级的担保机构数量，并在业务监管、财政扶持、银行认可等方面积极使用评级结果，最大限度发挥评级的社会效应。

一是资信评级作为担保机构开展担保业务的基础。从市场运行的角度来看，担保机构实际上是以自身的信用作为一种产品或服务来获得中小企业的购买，并通过此种交易获得回报。正如制造业企业或者服务业企业需要提高自身的产品和服务质量取得竞争优势一样，担保机构也需要通过不断提高自身的信用资质来获得竞争力。资信评级的结果是决定担保机构是否有能力开展担保业务的重要依据，也是其开展担保业务的核心能力和获得盈利的前提基础。

二是资信评级作为银担合作的重要依据。在银担合作中，银行希望担保机构为其分担信用风险。就担保机构而言，由于在业务往来中接触多家

银行，其对银行的信息掌握较为充分。而对银行来说，由于特定的一家银行需要面对多家中小企业信用担保机构，银行在短时间内只能根据担保机构的规模、代偿能力和从业人员等历史资料了解该担保机构的经营状况，因而对于担保机构的信用、资质了解较少，且不全面，资信评级结果可以弥补这一不足，满足银行进一步全面了解担保机构的要求。

三是资信评级作为政府监管和差异化扶持的依据。目前，杭州市已经将担保机构信用评级结果与政府对担保机构的奖励直接挂钩，评级结果作为地方各级政府对担保机构奖励和扶持的重要依据。我国担保机构的监管涉及多个部门，担保机构的审批权限授权给了各省市政府指定的监管部门。然而，由于担保机构信用信息的缺失，在多头监督管理体制下，很难保证监管到位。因此，由资信评估机构遵照"独立、公正、客观、科学"的原则，对担保机构进行信用等级评定，并将评级结果依法进一步开放，有助于各级政府监管部门全面、客观地掌握担保机构信息，达到防范系统性风险、稳定金融市场秩序的目的。

### 三、建立担保发展引导机制，加大财政扶持力度

随着各级财政对担保机构的扶持力度不断加大，担保机构的受益面不断扩大。但是，不同类型担保机构在经营目标、市场定位、担保对象以及运作方式等方面存在差异。目前，杭州市尚未建立担保机构的分类监管扶持体制，对不同类型的担保机构，往往采用同样的管理制度和扶持政策，这对资本规模较小、业务对象单一的担保机构而言并不公平。因此，可考虑建立财政对不同类型担保机构扶持的倾斜政策，从多个角度对担保机构进行引导、扶持。

一是启动资金支持。在担保机构组建时给予一定的启动资金，以鼓励担保机构为符合国家产业政策的中小企业开展担保业务，提高中小企业的融资能力，体现政府的引导和增信作用，支持担保机构发展。

二是风险补偿支持。通过地方财政部门支持为中小企业服务的信用担保机构，对于担保机构的代偿损失，给予一定的风险补偿资金支持，提高其抗风险能力。通过不断完善风险分担和补偿机制，逐步建立多层次的信用担保体系。

三是激励资金支持。通过不断完善政策措施，加强对中小企业信用担保体系建设的政策引导和激励资金支持，对于经营管理规范、风险控制良好、担保业绩突出的担保机构，给予一定的奖励，鼓励担保机构做优做强，并借助于担保机构的资金放大和增信作用，让越来越多的中小企业摆脱融资困境，迅速成长壮大。

四是税收优惠支持。适当降低担保机构免征营业税的门槛，让更多的担保机构享受税收优惠政策。继续对中小企业信用担保机构实施有关税收优惠政策，对纳入试点范围的非营利性中小企业从事信用担保、再担保业务取得的收入，三年内免征营业税。加大小额担保贷款财政贴息力度，鼓励为申请小额担保贷款的劳动密集型小企业提供担保服务，充分发挥劳动密集型小企业对就业的促进作用。

## 四、成立统一的监管部门，完善行业自律管理

目前，我国担保机构的主要监管方是国家发展改革委，此外，还包括地方政府与地方自律性质的行业组织。从已有监管架构来看，还存在有待进一步完善之处。

一是成立统一的监管部门。目前，我国担保行业由国家发展改革委、中国人民银行、银监会、工信部等多个部门管理，存在多头管理现象。对浙江省而言，明确省/市经济与信息委员会（省/市中小企业局）负责对担保机构的监管，它们一般通过年审以及信用评级对担保机构进行监管。由于融资担保具有金融业务性质，且存在资本充足率问题，应该纳入金融监管体系，由专业的监管机构进行审慎的风险监管。由于现行的监管不到位，不仅导致了担保机构的风险放大，同时也限制了担保机构赖以生存的担保业务放大倍数。近年来，杭州市担保业发展较快，但担保机构内部风险控制能力较弱，一些担保机构为了牟取暴利，从事不正当的融资活动，这也需要通过监管来解决。因此，应成立专业的监管机构，对担保机构实施资本金、业务拓展、产品设计、内部操作等方面全方位的监管，以维护担保业健康发展。

二是充分发挥行业协会自律作用。担保机构的发展不仅需要政府的监督管理和政策扶持，还需要行业自律管理。通过担保行业自律，逐步规范

担保业务操作。一方面，通过组织担保机构从业人员分层次的业务培训，进一步加强担保行业同业交流和学习考察，拓展视野，广开思路，提高从业人员的风险意识和风险防范业务素质；另一方面，切实抓好融资性担保机构经营许可证的年审工作，按省经济与信息委员会行业发展规划把控好担保机构的市场准入、退出工作，提高担保行业的社会公信力。

# 主要参考文献

［1］联合资信评估有限公司：《2006—2007 年江苏省信用担保行业发展报告》，2007 年第 4 期。

［2］龚雪姣：《对杭州市中小企业信用担保业现状的分析与思考》，载《资料通讯》，2004（2）。

［3］杭州市人民政府金融工作办公室：《2010 杭州金融发展报告》，杭州，浙江工商大学出版社，2010。

［4］冯婉蓉：《浙江省中小企业信用担保问题研究》，浙江大学硕士学位论文，2010 年 6 月。

［5］梅金品：《杭州市中小企业信用担保体系建设中的政府行为研究》，浙江大学硕士学位论文，2011 年 12 月。

［6］王华：《杭州融资担保模式创新研究——以浙江中新力合担保有限公司为例》，载《杭州科技》，2011（4）。

［7］鲍则民、黄铦滢：《杭州创新联合担保模式浅谈》，载《商场现代化》，2008（8）。

［8］林旦、林建萍：《科技企业融资联合担保机制建立》，载《杭州科技》，2006（3）。

［9］赵立康：《加快建设科技型中小企业联合担保平台缓解科技型企业融资难问题》，载《杭州科技》，2006（3）。

［10］万海鹏：《发展民营担保融资问题研究》，江西财经大学硕士学位论文，2003 年 4 月。

［11］李蜀湘：《我国中小企业信用担保体系问题研究》，湖南农业大学硕士学位论文，2005 年 11 月。

［12］王东华：《桥隧模式——也是一种融资选择》，载《国际融资》，2007（10）。

# 后 记

　　杭州市中小企业信用担保业务开始于 1999 年。经过十余年的发展，担保行业初具规模，呈现出担保机构数量不断增加、业务规模不断扩大、担保品种不断丰富、担保功能不断扩展的良好势头，为中小企业融资发挥了重要作用。

　　为了进一步规范扶持杭州市担保行业的发展，杭州市经济和信息化委员会在 2009 年通过申请财政资金开始对担保机构进行信用评价工作。浙江众诚资信评估有限公司在随后的 5 年时间里，以技术、服务、公司品牌等诸多优势，连续中标 2009—2013 年杭州市担保机构信用评级工作。

　　2013 年底，本人有幸参加由杭州市经信委主办的"杭州市中小企业信用与担保体系建设"大讲堂活动，并做了"杭州市担保行业五年发展之路"的主题演讲。演讲后，余杭区担保协会秘书长龚惠中先生建议我，可以将杭州市担保业 5 年来的数据、政策、案例等内容集结成册并整理出版，供政府监管部门、担保机构以及商业银行乃至相关学术单位研究参考。正是在龚惠中先生的鼓励下，我们调集公司骨干力量开始撰写本书。编撰工作过程中，得到了杭州市经信委主任洪庆华先生、副主任徐土松先生、杭州市经信委中小企业处处长沈勇强先生和浙江工商大学周春喜教授的精心指导与大力帮助，出版过程中得到了浙江金融职业学院党委书记周建松教授的关心支持，中国金融出版社王效端编辑也为本书的出版做了大量的工作，在此代表公司一并感谢！

浙江众诚资信评估有限公司总经理　楼裕胜

2014 年 9 月